JN033183

From the Kingdom of Belgium

ベルギーパティシエがていねいに教える

定番だけど
極上の
焼き菓子

Les sens ciel

レソンシエル

KADOKAWA

Introduction

みなさん、こんにちは。
ベルギーでパティシエをしているレソンシエル (Les sens ciel) と申します。
2冊目のお話をいただいた直後のこと。
さて、どんな本にしようかと考えていたときに、
ふと「焼き菓子の本はどうだろうか」と思い浮かんだのが昨年のことでした。

焼き菓子は、お菓子の基本です。
失敗しにくく、家庭でもつくりやすいものがある一方で、
基本だからこそその奥深さがあります。
ちょっとした手順でその表情はくるくると変わるため、
それぞれのパティスリーで特徴も出やすく、
見習いパティシエが修業で最初に触らせてもらえるのは焼き菓子、
という話もよく耳にします。
焼き時間が10秒違うだけでも焼き色は変化しますし、
生地の合わせ方ひとつで食感にも違いが出る──
繊細だけど、無限の可能性を秘めたおいしい焼き菓子を
みなさんにもつくっていただきたいという思いを込めて、
この本を製作しました。

さて、今回は、定番の焼き菓子から、基本に応用を加えたレシピまで、
幅広く焼き菓子のレシピを考案しました。つくっていくうちに、
「もう少し香ばしいほうが好みだから焼き時間を長くしてみよう」
「ふんわりやわらかいものが好きだから焼き時間を少なめにしてみよう」など、
自分なりのアレンジを加えられるようになってくると思います。
それもまた焼き菓子の魅力。試行錯誤を恐れず、
自分好みの焼き菓子を見つけてみてください。

この本を読んだみなさんが自分好みの最高の焼き菓子に出会えたら、
僕は最高に幸せです。

レソンシエル (Les sens ciel)

Contents

STAFF

撮影・イラスト／レソンシエル

デザイン／塙 美奈、清水真子［ME & MIRACO］

DTP／山本秀一、山本深雪［G-clef］

校正／麦秋アートセンター

写真編集／酒井俊春［SHAKE PHOTOGRAPHIC］

英語監修／福井睦美

編集協力／宮本香菜

焼き菓子づくりの約束

焼き菓子づくりの前にチェックしておくべきことをまとめました。
つくり始める前に目を通しておきましょう。

01 生地づくりには
フードプロセッサーがおすすめ

生地をこねるのに時間がかかってしまうと、バターがとけ出して脂が滲み、焼き上がりがベタついたり、食感が悪くなったりすることがあります。そこで、僕はいつも生地づくりにフードプロセッサーを使うようにしています。フードプロセッサーは、冷やしておいたバターと粉を一気に混ぜることができるため、手で触る時間が最低限で済むのです。余分な熱が加わらないので、さっくりほろほろに焼き上がります。

02 「寝かせる」「休ませる」はしっかりと

「冷蔵庫で休ませる」「室温で寝かせる」などといった作業は、焼き菓子づくりでとても大切です。休ませている間に、粉に水分がいきわたり、だんだんなじんでいきます。生地がしっかりなじむことで、その後ののばす工程でボロボロせず、扱いやすい生地になります。十分に休ませないとのばしても縮んでしまったり、食感や見た目に影響が出たりしてしまいます。時間もかかって面倒かもしれませんが、「寝かせる」「休ませる」作業はしっかり行いましょう。

03 打ち粉は適度な量で行う

生地をのばす工程で欠かせない打ち粉。今回のレシピでは、強力粉を使用しています（強力粉は粒子が粗いため水分を吸いにくく、生地がベタベタしにくい。また、型にまとわせる場合も型外れがよい）。打ち粉をしすぎると、粉っぽくなってしまったり生地が固くなったりしてしまうので、やりすぎには注意が必要です。また、生地をのばしている工程で、生地がやわらかくなってしまったら、焦らずにラップに包んで冷蔵庫で一度寝かせてください。

04 途中で天板を反転させ、焼きムラを出さない

オーブンには火の当たりが強いところと弱いところがあり、普通に焼いてもムラが出ます。コンベクションオーブン（熱を全体に対流させ、熱風で焼くタイプのオーブン）でさえも、焼きムラが出てしまうのは当たり前のことです。きれいな焼き色をつけるコツは、「全体に焼き色がついてきたな」というタイミングで、天板の向きを反転させ、火の当たりを均一にすること。その際、オーブンの開閉はすばやく行いましょう。中の温度が下がらないように注意。

05 焼き時間を見極め、生地を焼き切る！

焼き色をしっかり見極めることも焼き菓子づくりにおいて重要です。生焼けの生地は食感が悪く、何よりおいしくありません。特にタルト系は、プロでも底生地が生焼けになってしまうことが多いので、しっかりと焼き切りたいところです。基本的には、本書に記載した焼き時間を守っていただければ問題ありませんが、ご家庭によってオーブンの火力が違うため、適宜調整をしてください。仕上がりの焼き色はキツネ色を意識しましょう。

06 焼き色はお好みで調整しよう

焼き色を自分好みに調整できるのも手づくり焼き菓子のいいところ。「少し焼き色が薄いかな？」と感じたら、少しだけ焼き時間を増やしてみるなど工夫ができると、より焼き菓子づくりを楽しめると思います。ちなみに、フランスではしっかり濃いめ（焦げの一歩手前くらい）の焼き色が好まれますが、ベルギーではふんわりやわらかい薄い焼き色が好まれます。国によって焼き色の好みが違うのもおもしろいところです。

この本の決まり

■所要時間について
・材料の上に所要時間🕐の目安を表示しているので、お菓子づくりの参考にしてください。所要時間は材料の計量を終わらせたところから仕上げの前までの時間を想定し、「寝かせる」「休ませる」「冷ます」などの時間は＋表記で表示しています。
・解凍時間や放置時間などは、各ご家庭の冷蔵庫や冷凍庫、環境の温度によって異なるため、所要時間には含んでいません。様子を見て調整してください。

■砂糖について
本書では基本的にグラニュー糖と粉糖を使用していますが、粉糖と指定のあるところは粉糖を使ってください。グラニュー糖は好みで種類を替えてもOKです。三温糖やきび糖などアレンジしてみてください。

■その他
・卵はLサイズ（約60g）を使用しています。卵黄は1個約20g。卵白は1個40gで計算しています。
・生クリームには乳脂肪分の割合も併記していますが、35〜40％のもので代用可能です。お好みで手に入りやすいものを使ってください。また、乳脂肪分の割合が低ければさっぱり、高ければ濃厚になります。
・クッキー系の生地が余ってしまった場合は、ラップに包み、冷凍庫で1ヶ月ほど保存可能です。
・チョコレートのカカオ濃度は記載があるものはその濃度を使うことを推奨しますが、ないものはお好みの濃度を使ってください。
・バニラビーンズを使うことを推奨しますが、バニラオイルでも代用可能です。

焼き菓子づくりの道具

作業を始める前に、道具を準備しましょう。
今回は、焼き菓子づくりに便利な道具を中心に紹介します。

ゴムベラ（大・小）

ボウルに残った材料をきれいに取ったり、混ぜたりと多岐にわたって使用。ゴム部分と柄の部分が一体になっているものはお手入れが簡単。

耐熱ボウル

熱いものを入れたり、電子レンジにかけたりできる、耐熱タイプのボウルは使い勝手がいいのでおすすめです。

スケール（はかり）

お菓子づくりで目分量はご法度。粒子の細かいベーキングパウダーなども、正確に量れる微量計（小数点以下も量れるタイプ）が便利。

ベーキングマット

空気穴が開いているものがおすすめ。生地が広がらずにきれいに焼き上がります。オーブンシートでも代用可能。

めん棒（大・小）

クッキーの生地などをのすときは、太いめん棒があると便利。小さいものも、小回りが利くので、2つ持っていると効率がアップします。

すべり止め

クッキーをのしたりするときにまな板の下に敷いておくと、板がすべりません。じつは動画内でもよく使っている隠れた便利アイテム。

フードプロセッサー

余分な熱を加えず、こねすぎることなく、いい状態の生地がつくれます。使えば、時短になるのも嬉しいポイントです。

ハンドミキサー

メレンゲをつくるときには必須のアイテム。クリームをつくるときにも大幅な時短になります。お菓子づくりがグッと手軽になる相棒です。

ブレンダー

ホイッパーよりも気泡が入らずに混ぜることができるスグレモノ。主にガナッシュなどのチョコレート系のお菓子づくりをするときに活躍。

まな板（大・中・小）

切る・刻むだけでなく、お菓子を並べて仕上げをしたり、クッキー生地をのす台にしたり…。大・中・小あるととても便利です。

茶こし、網

粉をふるったり、こしたり、お菓子づくりには必須のアイテム。このひと手間を加えることで、グッとクオリティが上がります。

オーブンシート

オーブンを使うときはもちろん、型に敷いたり、コルネをつくったり、ロールケーキを巻いたり…。お菓子づくりに大活躍します。

物さし

大きさをそろえてカットするとき、型にぴったりな生地を用意したいときに欠かせないアイテム。端から目盛りがついているものがおすすめ。

パイカッター

生地などをまっすぐにカットするときに便利なパイカッター。ない場合は、ご家庭にあるピザ用カッターで代用できます。

ハケ

卵液や仕上げのジャムをぬる作業に必須。シリコンタイプがおすすめ。工作用の小さい筆もあると、細部の接着もきれいにできます。

軽い天板

オーブンに備え付けの天板でもOKですが、追加で購入する場合は、軽くて薄い天板がおすすめ。たくさん焼き菓子をつくる人は持っておくと◎。

パレットナイフ

生地やクリームを平らにするときに使います。壊れやすいお菓子をお皿に移動させるときなどにも使えて大変便利です。

ケーキの型

さまざまなお菓子づくりに使うケーキ型。型は底が抜けるタイプをおすすめします。

焼き菓子の型

マドレーヌなどの伝統的な焼き菓子には決まった型があります。くっつきやすい生地が多いため、バターをぬるなどの工程を忘れないように。

シリコン製の型

型から剥がしやすく、熱に強いので使い勝手がいいシリコン製の型。おもしろい型がたくさんあるので、自分好みの型を見つけてみてください。

抜き型

クッキーだけでなくお菓子づくりのさまざまな場面で活躍。かわいい形のものなどをコレクションするのも楽しいです。

Chapter 1

基本の焼き菓子でつくる
クッキー缶

定番のクッキーやフロランタン、サックサクのリーフパイ——。
ここからは、クッキー缶に詰め込みたくなる
「基本の焼き菓子」を紹介します。
誰でもかんたんにつくれるように、レシピは改良を重ねました。
ぜひ、お気に入りの缶を見つけて
オリジナルのクッキー缶づくりにも
チャレンジしてみてください。

Cookies

型抜きクッキー

シンプルなクッキーですが、
さまざまな型を使ったり、トッピングをしたり、
チョコレートでコーティングしたりすれば、
アレンジは無限に広がります。
お菓子づくり初心者の方も楽しくつくれる1品です。

所要時間
1時間40分 ＋30分寝かせる

材料

《直径5cmの抜き型約15個分、
直径3cmの抜き型約18個分》

◆生地

A ‖ 中力粉 ・・・ 190g
　‖ 粉糖 ・・・ 70g

B ‖ 無塩バター ・・・ 60g
　‖ 有塩バター ・・・ 60g

卵黄 ・・・ 1個
打ち粉（強力粉）・・・ 適量

◆艶出し卵液

C ‖ 卵 ・・・ 20g
　‖ 牛乳 ・・・ 10g

アーモンド（飾り用）・・・ お好みで
チョコレート（飾り用）・・・ お好みで

準備

・粉糖はふるってダマをなくして
おく[a]。
・バターはサイコロ状にカットして
冷蔵庫で冷やしておく[b]。
・オーブンを140℃に予熱しておく
（工程**11**でスイッチを入れるとベスト）。

a

b

step 1　生地をつくる

1

Aをフードプロセッサーに入れて
全体を混ぜる。

⌄

2

1に**B**を入れてバターが細かくな
って全体がパラパラになるくらい
まで混ぜる。

⌄

3

写真くらいのパラパラ具合を目安
にする。

⌄

4

3に卵黄を入れ、全体が混ざるよ
うにフードプロセッサーにかける。
この時点では生地に多少ムラがあ
ってもOK。

⌄

5

まな板に**4**を取り出し、手でこね
ながらひとまとめにする。

⌄

6

5をラップで包み、めん棒で均一
な厚さにのばす。冷蔵庫で最低30
分寝かせる。

step 2 焼く

7

まな板に打ち粉をしながら**6**をめん棒で均一な厚さになるようにのばす。

10

最後の生地は、まとめて包丁でカットする。こうすると無駄が出なくておすすめ。次の工程を行う間、生地はすべて冷蔵庫に入れておく。

13

12の上に**11**の卵液をハケでぬっていく。打ち粉が多いときは、先にハケで払ってからぬる。

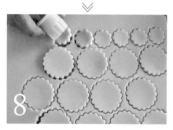

8

厚さ約5mmにのばしたら、好きな型で抜いていく。

11

艶出し卵液をつくる。Cをムラのないようによく混ぜ合わせ、茶こしでこしておく。ここでオーブンを140℃に予熱する。

14

140℃に予熱したオーブンで約30分焼く。

9

8で余った切れ端の生地も手でひとまとめにし、打ち粉をしながらめん棒で厚さを整え、型で抜く作業をくり返す。

12

クッキー生地をベーキングマット（もしくはオーブンシート）を敷いた天板の上に並べる。

焼くときのポイント

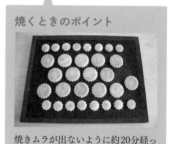

焼きムラが出ないように約20分経ったところで天板の向きを反転させ、そのまま残り10〜12分焼きます。

やわらかくなったら休ませる
生地がやわらかくなり、成形しにくい場合は、再度ラップに包んで冷蔵庫で少し休ませてください。

アレンジは自由に

お好みで半割りのアーモンドをのせるなど、自由にトッピングするのも楽しいです。

15

焼き上がったら冷まして完成。お好みでチョコでコーティングなどするとバリエーションが増える。

Tips
お菓子を楽しむヒント

職人の型でつくる
スペキュロス

ベルギーの伝統菓子「スペキュロス」。日本ではあまり聞き慣れない名前かと思いますが、

ロータスのカラメルビスケットといえばピンとくるでしょうか?

じつは、あのカラメルビスケットもスペキュロスなのです。

スペキュロスは、シナモンやナツメグといった特別な"スペキュロススパイス"を使ったクッキー

(ビスケット)のこと。細かい模様が彫られた木の型に生地をギュッと押し込むことで、

表面に美しい模様が写し出されて見た目も楽しいお菓子です。小さいものは手のひらにおさまるサイズ、

大きなものは30cmを超えるものなどさまざまな大きさや形があります。

スペキュロスの木彫りの型は、元々型職人さんが1枚1枚手で彫っていましたが、

現在ではその技術を受け継ぐ職人さんはもう残っておらず、

新品の型を購入することはできなくなっています。とても残念なことです。

職人の型は、生地の型外れもよく、模様もひとつひとつ違って温かみがあります。

昔のものだとは思えないほどデザイン性も高く、現代のパティスリーでも職人の型は人気です。

ベルギーの蚤の市へ出かけると、出品されていることがあります。

値段は張りますが、一点物だと思うとついつい財布の紐がゆるんでしまいます(笑)。

スペキュロスは一年中食べることができますが、クリスマス前の「聖ニコラ」の時期(聖ニコラウスを讃えて

行われるお祭り)になると、聖ニコラウスをかたどったスペキュロスが店頭に盛りだくさんに。

クリスマス時期のベルギーへお越しの際は、ぜひチェックしてみてください。

→ 次のページでスペキュロス風クッキーのつくり方を解説します

自宅にある聖ニコラウスの型。

Tips

お菓子を楽しむヒント

クッキー生地を応用した
シナモンクッキー&スペキュロス風クッキー

12ページで紹介した型抜きクッキーの生地を使ったアレンジレシピを紹介します。

今回はスペキュロスを意識して、シナモン味のクッキーもつくってみました。

日本では手に入りにくいかもしれませんが、もしスペキュロスの型を入手できたら

スペキュロス風クッキーにもぜひチャレンジしてみてください。

所要時間
1時間40分 ＋30分寝かせる

材料
《シナモンクッキー：直径8cm×4.5cmの抜き型約35個分、スペキュロス風クッキー：直径4cmの抜き型約50個分》

A ┃ 中力粉 ・・・ 185g
　┃ 粉糖 ・・・ 70g
　┃ シナモン
　┃ （もしくはスペキュロススパイス）・・・ 10g

B ┃ 無塩バター ・・・ 60g
　┃ 有塩バター ・・・ 60g

卵黄 ・・・ 1個
打ち粉（強力粉）・・・ 適量
グラニュー糖
（シナモンクッキーのみ）・・・ 適量

準備

・オーブンを140℃に予熱しておく（シナモンクッキーは工程2の前に、スペキュロス風クッキーは工程6の前にスイッチを押しておくとベスト）。

シナモンクッキーをつくる

1 型抜きクッキー（P.12）の工程8まで作業を進める。

2 この工程を行う前にオーブンを140℃に予熱する。生地の片面にグラニュー糖をつけ、ベーキングマットを敷いた天板に並べる。

3 打ち粉が多かったり、生地が乾燥していたりすると、グラニュー糖がつきにくい。その場合、打ち粉を払い、ハケで薄く水をぬる。

4 140℃に予熱したオーブンで約30分焼く。焼きムラが出ないように約20分経ったところで天板の向きを反転させ、そのまま残り10〜12分焼く。焼き上がったら冷まして完成。

スペキュロス風クッキーをつくる

1 型抜きクッキー（P.12）の工程8まで作業を進める。職人がつくったスペキュロス型に打ち粉をふるう（型の溝が埋まらない程度に多めに）。

2 型に隙間ができないように生地を手で押しつける。

3 はみ出た部分は包丁で削る。

4 型をひっくり返し、爪楊枝などでやさしく剥がす。

5 まな板に並べて約15分冷凍庫で固める。

6 この工程を行う前にオーブンを140℃に予熱する。表面についた打ち粉をハケでやさしく払う。

7 140℃に予熱したオーブンで約30分焼く（約20分焼き、その後向きを反転させて10〜12分焼く）。

8 見た目も楽しいスペキュロス風クッキーの完成。

no.02

Diamant

ディアマン

フランス語で「ダイヤモンド」という意味があるディアマン。
まわりのグラニュー糖がキラキラと輝いて見えることから
その名がついたといわれています。さくっとほろほろな食感に、
バターとバニラがふわっと香る、愛らしいクッキーです。
アイスボックスクッキーなので
一度にたくさんつくれるのも魅力です。

所要時間
2時間15分 ＋ 30分寝かせる
　　　　　　　3時間固める

材料《直径約2.5cm 約45個分》

A｜ 中力粉 ••• 200g
　｜ グラニュー糖 ••• 35g
　｜ 粉糖 ••• 35g
　｜ バニラビーンズ（タネのみ）••• ½本

B｜ 有塩バター ••• 140g
　｜ （発酵バターでもOK）

打ち粉（強力粉）••• 適量
グラニュー糖 ••• 適量

準備

・粉糖はふるってダマをなくしておく[a]。
・バターはサイコロ状にカットして冷蔵庫で冷やしておく[b]。
・オーブンを140℃に予熱しておく（工程**12**でスイッチを入れるとベスト）。

---

step 1　生地をつくる

1
Aをフードプロセッサーに入れて全体を混ぜる。

3
まな板に**2**を取り出して手でこねながらひとまとめにする。

バニラビーンズについて

バニラビーンズは包丁でさやに切り込みを入れてタネをしごきながら取り出します。さやはエッグタルト（P.64）やミゼラブル（P.88）などで使えるので、取っておくと便利です。

細長く成形していく

最初はまとまりにくいですが、だんだんまとまっていきます。こねすぎに注意。写真くらいの太さになるようにおおまかに成形しましょう。

2
1にBを入れてバターが細かくなって全体がパラパラになるくらいまで混ぜる。

4
3を2等分にする。目分量ではなく、物さしなどで測りながら正確に2等分する。

このくらいまで混ぜる

この時点で多少粉っぽさが残っていてもOKです。

5
まな板にのせ、ラップをかぶせて冷蔵庫で約30分寝かせる。

19

step2 生地を丸める

6

まな板に打ち粉をしながら2等分にした生地のひとつを取り出し、生地の固さが均一になるようにこねる。

こねるときのポイント

固さを均一にしないと丸める際に生地がゴツゴツと不格好になってしまうので注意しましょう。

7

生地を少しずつ棒状に丸めていく。

9

最終的に直径約2.5cmになるように整える。もうひとつの生地も同様にする。

8

形がある程度整ってきたら、まな板などの表面を使って転がすときれいな形になる。

10

9を1本ずつオーブンシートで巻いて冷凍庫に最低3時間入れ、完全に固める。オーブンシートで巻くと形がくずれにくい。

step3 焼く

11

10を冷凍庫から出し、カットしやすいようにやや解凍させる。冷凍庫から出した直後だと、固すぎてカットする際に割れてしまうので注意。

12

オーブンシートの上にグラニュー糖を出して11を転がし、表面にグラニュー糖をつける。ここでオーブンを140℃に予熱する。

**グラニュー糖を
つきやすくするコツ**

生地を冷凍庫から出すと、表面が結露で湿りグラニュー糖がつきやすくなります。打ち粉が多いとグラニュー糖がつきにくいことがありますが、その場合は濡れタオルの上に軽く転がしてもOKです。

13

物さしで厚さ約1.5cmずつ印をつける。

16

140℃に予熱したオーブンで約35分焼く。

焼くときのポイント

焼きムラが出ないように約20分経ったところで天板の向きを反転させ、そのまま残り約15分焼きます。

14

カットしていく。

17

焼き上がったら冷まして完成。

15

14をベーキングマットを敷いた天板の上に並べる。

Mini Column
ベルギーのお茶の時間

**ベルギーのカフェオレ
レ・リュス (Lait russe)**

レ・リュス (Lait russe) は、直訳するとロシアの牛乳という意味です。ベルギーでは、ミルクたっぷりのカフェオレをレ・リュスといいます。ミルクとコーヒーの割合は地域によって異なるようです。じつはベルギーに来たばかりの頃は、レ・リュスがカフェオレのことを指しているとは知らず、「カフェメニューにカフェオレはないんだな〜」と勝手に勘違いしていました(笑)。クッキーなどにも抜群に合うレ・リュスですが、「r」の発音が少しむずかしく、もしベルギーにお越しになるなら発音の練習が必要です。

Chocolate nut cookies

チョコナッツクッキー

さくほろなクッキーにココアの香りがふわっと広がり、
ナッツの香ばしさがアクセントになっています。
ひとくちでいろいろな楽しさが味わえる1品。
プレゼントにもおすすめのクッキーです。

所要時間
2時間45分 + 30分寝かせる 3時間固める

材料《直径約2.5cm 約45個分》

アーモンド ••• 45g

A ｜ 中力粉 ••• 120g
　｜ 粉糖 ••• 50g
　｜ アーモンドプードル ••• 35g
　｜ ココアパウダー ••• 30g

B ｜ 有塩バター ••• 80g
　｜ 無塩バター ••• 35g

牛乳 ••• 10g

打ち粉(強力粉) ••• 適量

グラニュー糖 ••• 適量

準備

・粉糖はふるってダマをなくしておく[a]。

・バターはサイコロ状にカットして冷蔵庫で冷やしておく[b]。

・オーブンを150℃に予熱しておく(アーモンドをローストするため。工程1の前にスイッチを入れるとベスト)。

・オーブンを140℃に予熱しておく(クッキーを焼くため。工程19でスイッチを入れるとベスト)。

a

b

step 1　生地をつくる

1 アーモンドの香りを出すため天板に並べて150℃に予熱したオーブンで約20分ローストする。

完全に焼き切らない!

ローストの目安はアーモンドを割ったときに中がほんのりキツネ色になっているくらい。クッキー生地に混ぜたあとにもう一度焼くので、ここでは完全に焼き切らなくてOK。

2 1を包丁で刻む(1粒を10〜12分割するくらいを目安に)。

3 大きすぎても丸めにくく、小さすぎても食感が悪いので、ちょうど中間くらいの大きさになるように刻む。

4 Aをフードプロセッサーに入れて混ぜる。

5 4にBを入れ、バターが細かくなって全体がパラパラになるくらいまで混ぜる。

混ぜすぎ注意!

混ぜすぎるとバターがとけ、全体がまとまってきてしまうので、パラパラしてきたところで止めましょう。

6 5に牛乳を入れ、生地全体に牛乳がいきわたるように混ぜる。

7 この時点で生地に多少粉っぽさが残っていてもOK。

10 だんだんと長方形になるようにひとまとめにしていく。写真くらいの太さになるようにおおまかに成形していく。

13 まな板に打ち粉をしながら2等分にした生地のひとつを取り出し、生地の固さが均一になるようにこねる。

こねるときのポイント
固さを均一にしないと丸める際に生地がゴツゴツと不格好になってしまうので注意しましょう。

8 まな板の上に**3**を置き、その上に取り出した**7**の生地をのせる。

11 **10**を2等分にする。目分量でなく、物さしなどで測りながら正確に2等分する。

9 手でアーモンドを混ぜ込みながら生地をひとまとめになるようにこねる。

12 まな板にのせ、**11**にラップをかぶせ、冷蔵庫で約30分寝かせる。

14 生地を少しずつ棒状に丸めていく。

15 形がある程度整ってきたら、まな板などの表面を使って転がすと、きれいな形になる。

16 最終的に直径約2.5cmになるように整える。もうひとつの生地も同様にする。

17 16をオーブンシートで巻いて冷凍庫に最低3時間入れ、完全に固める。オーブンシートで巻くと形がくずれにくい。

18 17を冷凍庫から出し、カットしやすいようにやや解凍させる。冷凍庫から出した直後だと、固すぎてカットする際に割れてしまうので注意。

19 オーブンシートの上にグラニュー糖を出して18を転がし、表面にグラニュー糖をつける。ここでオーブンを140℃に予熱する。

グラニュー糖をつきやすくするコツ
生地を冷凍庫から出すと、表面が結露で湿りグラニュー糖がつきやすくなります。打ち粉が多いとグラニュー糖がつきにくいことがありますが、その場合は濡れタオルの上に軽く転がしてもOKです。

21 カットし、ベーキングマットを敷いた天板の上に並べていく。

22 140℃に予熱したオーブンで約35分焼く。

焼くときのポイント
焼きムラが出ないように約20分経ったところで天板の向きを反転させ、そのまま残り約15分焼きます。

20 物さしで厚さ1.5cmずつ印をつける。

23 焼き上がったら冷まして完成。

Galette bretonne

ガレットブルトンヌ

バターの風味がたっぷり効いた厚焼きクッキーは、
お菓子づくり好きの心をくすぐります。
ご家庭でもプロの味が手軽に再現できるので、
初心者の方にもおすすめのレシピ。
焼き立てをぜひ味わっていただきたいです。

🕐 所要時間 **2時間10分** + 3時間休ませる 20分乾かす

材料《直径約4㎝の抜き型約20個分》

◆生地

A | 中力粉 ••• 160g
　| 粉糖 ••• 80g
　| アーモンドプードル ••• 15g
　| ベーキングパウダー ••• 1.5g

B | 無塩バター ••• 70g
　| 有塩バター ••• 60g
　卵黄 ••• 1個
　打ち粉（強力粉）••• 適量

◆艶出し卵液

C | 卵黄 ••• 1個
　| 生クリーム ••• 2g
　（牛乳1gでも代用可能ですが、
　生クリームのほうがきれいな焼き色がつく）

§ **準備**

• 粉糖はふるってダマをなくしておく[a]。
• バターはサイコロ状にカットして冷蔵庫で冷やしておく[b]。
• オーブンを150℃に予熱しておく（工程**13**でスイッチを入れるとベスト）。

a

b

---

step 1 **生地をつくる**

1 Aをフードプロセッサーに入れて全体を混ぜる。

2 Bを**1**に入れ、バターが細かくなって全体にパラパラになるくらいまで混ぜる。

混ぜすぎ注意！
混ぜすぎるとバターがとけ、全体がまとまってきてしまうので、パラパラになってきたところで止めましょう。

3 卵黄を入れてさらに混ぜ、生地がまとまってきたら止める。この時点では多少粉っぽさが残っていてもOK。

4 まな板に生地を取り出してひとつにまとめる。

5 ラップに包んでめん棒で厚さ約1㎝になるようにのばす。冷蔵庫で最低3時間しっかりと休ませる。余裕があれば前の日に仕込んで1日寝かせるのがベスト。

Chapter 1　ガレットブルトンヌ

6

まな板に打ち粉をふるい、**5**を厚さ約1cmになるように調整する。ラップの跡がついていたら、めん棒でのして表面をきれいにする。

7

物さしを使って確認しながらのばすとスムーズ。

8

直径4cmの型で生地をくりぬき、まな板の上に並べる。下にラップを敷いておくとくっつかない。

9

余った生地もひとまとめにして打ち粉をし、厚さ約1cmに整えて型でくりぬく。

10

型で抜けないくらい小さい生地は、手で小さく丸めて焼いてもかわいい。生地は冷蔵庫に入れておく。

> **生地が**
> **やわらかくなってきたら**
> 生地がやわらかくなってきてしまったら、焦らずラップに包み、一度冷蔵庫で生地を休ませると扱いやすくなります。

11

艶出し卵液をつくる。Cをよく混ぜる。

12

冷蔵庫から生地を取り出し、生地の上に**11**の卵液をぬり、冷蔵庫に10分ほど入れて表面を乾かすのを2回くり返す。

13

ここでオーブンを150℃に予熱する。**12**の表面にフォークや物さしを使って線を描く。

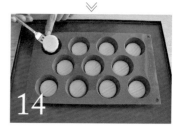

14

同じサイズのシリコン型に生地を入れる。セルクルでもOKだが、型に薄くサラダ油（分量外）をぬって使う。アルミホイルでセルクルの代用品をつくってもOK。

15

天板にのせて150℃に予熱したオーブンで約40分焼いて完成（約30分焼き、その後向きを反転させて約10分焼く）。

> **卵液は焼く分にだけぬる**
> 艶出し卵液をぬったあと、乾かしすぎは厳禁。2回に分けて焼く場合は、一度に焼ける分にだけぬるようにしましょう。オーブンの大きさや持っている型の個数によって一度に焼ける数は違うと思いますので、各々調整してください。

Tips
お菓子を楽しむヒント

ガレットブルトンヌで
ランチしよう

ベルギー人やフランス人に「昨日ガレットブルトンヌをつくったんだよ！」と言うと、

「それはいい"ランチ"だったね」と答えが返ってきます。

お菓子好きな人は頭には「？？？」とクエスチョンマークが

たくさん浮かんでしまうかもしれませんね。

じつは、バターたっぷりのお菓子の「ガレットブルトンヌ」と、そば粉のクレープの中に

卵やチーズ、ハムなどを入れて食べる食事の「ガレットブルトンヌ」は同じ名前。

そして、お菓子好きな人にとっては意外かもしれませんが、「お菓子のガレットブルトンヌ」を

ぱっと思い浮かべることができるヨーロッパの人は少なく、どちらかといえば、

ガレットブルトンヌと聞くと、「そば粉のガレットブルトンヌ」が頭に浮かぶようなのです。

「ブルターニュ風のガレット」という意味のこの2つの異なる食べ物（しかもそれぞれおいしい！）の

名前が同じだなんて、なんともややこしいですね。

「そば粉のガレットブルトンヌ」は、ハムとチーズと目玉焼きを入れたものがスタンダード。

サーモンやクリームチーズ、野菜やトリュフなど、その店の味はさまざまあります。

僕は、ドライトマトが入っているタイプが好きです。

そば粉のガレットブルトンヌは塩気があまりないので、ドライトマトが入っていることで

いい具合に塩気が出て、一段とおいしくいただけるのです。

日本ですと、どちらかといえば、「お菓子のガレットブルトンヌ」を思い浮かべる人が

多いと思うのですが、みなさんはいかがでしょうか？

Florentins

フロランタン

ナッツの香ばしさをたっぷり味わう自家製キャラメルヌガーにサクサク食感のクッキー。
今回ご紹介するフロランタンは、自慢の一品になるはずです。
むずかしそうに見えますが、
ひとつひとつていねいに解説するのでぜひチャレンジを。
キャラメルのやさしい甘味がコーヒーのお供にもぴったりです。

所要時間
2時間30分 ＋30分寝かせる

材料《4cm×4cm約25個分》

◆クッキー生地（フロランタンシュクレ）

A ｜ 中力粉 ・・・ 170g
｜ 粉糖 ・・・ 70g
｜ アーモンドプードル ・・・ 30g
｜ バニラビーンズ（タネのみ）・・・ ¼本

無塩バター ・・・ 120g
卵黄 ・・・ 1個
打ち粉（強力粉）・・・ 適量

◆キャラメルアーモンド

アーモンドスライス ・・・ 70g

B ｜ グラニュー糖 ・・・ 60g
｜ 生クリーム（35%）・・・ 40g
｜ 無塩バター ・・・ 40g
｜ 蜂蜜 ・・・ 20g
｜ 水飴 ・・・ 20g

準備

・粉糖はふるってダマをなくしておく[a]。
・バターはサイコロ状にカットして冷蔵庫で冷やしておく[b]。
・型のサイズ（21cm×21cm）に合わせてオーブンシートをカットして折り目をつけておく[c][d]。
・オーブンを150℃に予熱しておく（クッキー生地を焼くため。工程7でスイッチを入れるとベスト）。
・オーブンを150℃に予熱しておく（アーモンドスライスをローストするため。工程13を始める前にスイッチを入れるとベスト）。
・オーブンを170℃に予熱しておく（仕上げのため。工程16でスイッチを入れるとベスト）。

a

b

c

d

step 1 クッキー生地をつくる

1 Aをフードプロセッサーに入れて全体を混ぜる。

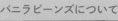

バニラビーンズについて

バニラビーンズは包丁でさやに切り込みを入れてタネをしごきながら取り出します。さやはエッグタルト（P.64）やミゼラブル（P.88）などで使えるので、取っておくと便利です。

 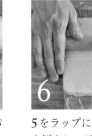
2 無塩バターを入れ、全体がパラパラになるくらいまでフードプロセッサーにかける。この時点では多少粉っぽさがあってもOK。

3 2に卵黄を入れる。

4 全体が混ざるようにフードプロセッサーにかける。

5 まな板に4を取り出して手でこね、ひとまとめにしていく。

6 5をラップに包み、めん棒で均一な厚さにのばし、冷蔵庫で最低30分寝かせる。

7

まな板に打ち粉をしながら**6**をめん棒でのばす。21cm×21cmを目指し、均一な厚さになるようにのばしていく。ここでオーブンを150℃に予熱する。

のばすときのポイント

物さしをガイドにして整えるときれいな四角形になりますが、むずかしかったら少し大きめにのばしてから21cm×21cmにカットしてもOK。また、生地がやわらかく、形がくずれてしまうようでしたら一度冷凍庫で冷やし、生地をしめてください。その場合は多めにまな板に打ち粉をしておくとあとで生地が剥がれやすくなります。

8

天板に準備しておいたオーブンシートを敷き、**7**をのせる。

9

型は伸縮できるスクエア型があると便利。なかったら平たい耐熱容器にオーブンシートを敷いて代用可能。その場合、器の大きさに合わせてクッキー生地をのばす。

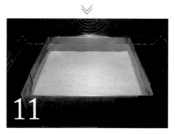

10

フォークで全面に穴を開ける。

11

150℃に予熱したオーブンで約25分焼く。焼きムラを防ぐため約15分焼いたら天板の向きを反転させ、約10分焼く。

12

焼き上がったら冷ましておく。

13

この工程を行う前にオーブンを150℃に予熱する。アーモンドスライスを天板に広げ、香りを出すために約10分ローストする。ほんのりキツネ色になったら冷ましておく。

14

Bを鍋に入れて中火で煮詰める。木べらでやさしく混ぜて全体をとかす。

15

木べらでよく混ぜながら、108℃〜110℃まで温度を上げて火から下ろす。

キャラメルをきれいにとかす
鍋底が焦げつかないようによく混ぜるのがポイント。混ぜることでキャラメルがきれいに乳化していきます。

17

12の上に**16**のキャラメルアーモンドをムラがないように広げていく。

キャラメルは時間勝負！

冷えるとキャラメルが固くなってしまい、アーモンドが均等に広がりにくくなります。温かいうちに手早く行いましょう。

19

焼き上がったら冷ましておく。

∨

20

ほんのりキャラメルが温かいうちに、端を5mmずつ落とし、4cm×4cmを目安にカット。完全に冷めてからカットすると、キャラメルが割れてしまうので注意。

∨

16

13を鍋に入れて全体をよく混ぜる。ここでオーブンを170℃に予熱する。

18

170℃に予熱したオーブンで約15分焼く。その後、天板の向きを反転させ、続けて160℃に温度を設定して8〜10分焼く。

焼き加減の目安
キャラメルアーモンドが色づき、ふつふつと吹き上がった大きな泡がゆっくりと小さな泡になるのが焼き上がりの目安。焼きすぎるとキャラメルが固くなってしまうので注意しましょう。

∨

Meringue

サクサクほろほろ
ひとくちメレンゲ

卵白消費のレシピとしてもおすすめのメレンゲ。

見た目もかわいく、お手軽につくれるのが魅力です。

コロンとしたメレンゲを添えて、ティータイムにぜひ！

所要時間
3時間

材料《約100〜120個分》

卵白 ••• 60g

レモン汁 ••• 1.5g（ティースプーン½杯）

グラニュー糖 ••• 60g

粉糖 ••• 60g

ドライフルーツ

（パパイヤなど）••• お好みで

準備

・オーブンを80℃に予熱しておく

（工程5でスイッチを入れるとベスト）。

3 ピンとツノが立つような艶とコシのあるメレンゲにしていく。

7 天板にオーブンシートを敷く。四隅と中央に少しだけメレンゲを絞り、接着剤代わりにするとオーブンシートがずれにくい。

4 3に粉糖をふるいにかけながら入れる。

8 メレンゲをひとくち大の好きな形に絞っていく。なるべく小さく絞ったほうが早く中までさっくりと焼ける。

1 卵白とレモン汁を合わせる。

5 さっくりと混ぜ合わせる。ここでオーブンを80℃に予熱する。

9 お好みでドライフルーツ（今回はパパイヤを使用）などを小さくカットして上にのせると、色味がプラスされる。

2 1をハンドミキサーで泡立て、グラニュー糖を5回に分けながら入れる。

6 絞り袋にお好みの口金をセットして、5のメレンゲを入れる。

10 80℃に予熱したオーブンで約2時間焼く。中までさっくりと乾燥していたら完成。メレンゲが大きい場合はもう少し時間がかかるので調整する。

Leaf pie

リーフパイ

通常、折り込みパイ生地はバターを包んでつくるので
難易度は高めですが、今回は、粉にバターを混ぜ込む
「フィユタージュ・ラピッド」（折り込みパイ生地の中でも
難易度が低めの製法）を使ったリーフパイをご紹介。
なるべく手早く、いい意味で大雑把に、
大胆に作業するのがポイントです。

所要時間
2時間40分 ＋1日と6時間冷やす

材料《縦6cm×横4.5cmの抜き型約30個分》

A｜ 有塩バター ••• 180g
　｜ 強力粉 ••• 120g
　｜ 薄力粉 ••• 120g
冷水 ••• 115g（110〜120g）
　※必要な水分は季節や粉の湿度、
　　環境によって変わるため微調整が必要
打ち粉（強力粉）••• 適量
グラニュー糖 ••• 適量

準備

• パイ生地に使うすべての粉類は作業の1時間以上前に冷凍庫で冷やしておく（バターがとけないようにするため）。
• 水は作業の1時間前には冷蔵庫へ入れておく。
• バターは2cm角のサイコロ状にカットし、作業の約30分前に冷凍庫に入れておく。
• なるべく手早く、だけどあまり几帳面になりすぎず、"ある程度適当に"くらいの気持ちで挑む（ただし厚さが均等になるように注意する）。
• 生地をこねるときは大きめの作業台など広いところで行う。
• オーブンを180℃に予熱しておく（工程18でスイッチを入れるとベスト）。

step 1 パイ生地をつくる

1 Aをボウルに入れて、有塩バターを粉で覆うように手で大きく混ぜる。

2 1に冷水をまわし入れる。カードを使い、粉っぽさがなくなるように大きく混ぜる。この時点では、バターの塊が残っているくらいおおまかでOK。

3 2を作業台に取り出して全体がまとまるようにこねていく。ここでもバターの塊が残っているくらいでOK。

4 3をラップで包み、めん棒で軽く平らにのしながら四角（約16cm四方）に形を整える。めん棒が作業台と平行になるように持つときれいにのばせる。冷蔵庫に1日入れておく。

step 2 パイ生地をのばす

5 打ち粉をした作業台に4の生地を取り出し、長さが約3倍になるようにめん棒でまっすぐのしていく。適度に打ち粉をしてOK。

パイ生地を扱う前に…

パイ生地は折るのに手間がかかるので、失敗しないためには焦らないことが大切。作業中に生地がやわらかくなったら、焦らずに一旦冷蔵庫で生地をしめましょう。室温はできるだけ低いほう（可能なら20℃くらい）が作業しやすいです。また、利き手と逆の手に力をかけるイメージで、力が均等になるようのしていきましょう。

6 5の生地を三つ折りにする。隅までしっかりと届くように三つ折りすると、パイの層にムラができない。打ち粉が生地の表面に残っているとくっつかないので、手でよく払う。

7 6の生地を90度回転させ、もう一度打ち粉をしながら生地の長さが約3倍になるようにめん棒でまっすぐのしていく。

8 7の生地を三つ折りにする。

12 11をパイカッターで2等分し、パイシートを2枚つくる。

15 作業の約30分前にパイシートを冷蔵庫に入れて少し解凍させておく。

9 8をラップに包み冷蔵庫で約1時間冷やす。

13 まな板にラップを敷き、その上に12のパイシートを重ねる。

16 好きな型で抜いていく。パイシートの下のラップをそのままにして抜くと作業しやすい。

パイ生地の型抜き
パイ生地は焼くと、のばした方向へ縮みます。型抜きするときは、持っている型の形を見て、縮むことを想定しながら抜く向きを考えるといいでしょう。

10 5〜9を2回くり返す（三つ折り×2回を全部で3回行うことになる）。

14 ラップ→パイシート→ラップ→オーブンシート→ラップ→パイシート→ラップの順番で重ねる。冷凍庫で約3時間しっかり固める。

11 打ち粉をした作業台の上に10の生地を取り出す。適度に打ち粉をしながら、めん棒で厚さ約3mmになるようにのばしていく。

17 切れ端のパイ生地は、エッグタルト（P.64）でも使えるので、ラップに包んで冷凍庫で保存しておく。

18

包丁で表面に葉脈の切り込みを入れていく。生地の厚さが約3mmなので上部約1mmに切り込みを入れるイメージで行う。ここでオーブンを180℃に予熱する。

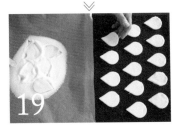

19

オーブンシートにグラニュー糖を出し、葉脈の切り込みを入れた側にグラニュー糖をつける。ベーキングマットを敷いた天板に並べていく。

生地がやわらかくなったら…
生地がやわらかくなり、形がくずれてしまうようでしたら、5分ほど冷凍庫に入れると扱いやすくなります。

20

180℃に予熱したオーブンで約10分焼いたら、上に網をのせて天板の向きを反転させて約8分焼き、網を外してさらに約5分焼く。

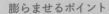

膨らませるポイント

ある程度まで膨らんだら、網をのせる。最初からのせると膨らまなくなり、網をのせないと膨らみすぎてしまうので、途中でのせるのがベター。

21

焼き上がったら完成。

Mini Column
ベルギーのお茶の時間

クッキーのおまけが！
王道のコーヒー

ベルギーのカフェでコーヒーを頼むと、必ずクッキーがついてきます。普通のクッキーのときもあれば、カラメルビスケットとして有名なロータスがコーヒーソーサーに添えられていることも。あのマクドナルドでコーヒーを頼んでも、クッキーがついてくるんです！　きっとコーヒーと一緒に食べてくださいねという気遣いなのでしょうね。逆に、といってはなんですが、高級なレストランではコーヒーとスイーツを一緒にいただかないイメージです。繊細なデザートの味を邪魔しないように一緒には飲まず、デザート後、口に残った甘味をさっぱりリセットするためにコーヒーを飲みます。

Tips

お菓子を楽しむヒント

パイ生地のバリエーション
サクサク食感のパルミエ

パルミエ(Palmier)とは、フランス語で「ヤシ」のことをいい、形がヤシの葉に似ていることから

その名がつけられました。パイ生地を応用して、ハート形のパイ「パルミエ」をつくってみましょう。

🕐 所要時間
2時間40分 ＋1時間冷やす

**材料《パイシート1枚で
縦約3.5cm×横約5.5cm約23個分》**
リーフパイ(P.36)でつくった
パイシート ・・・1枚
グラニュー糖 ・・・適量

準備

・オーブンを180℃に予熱して
おく(工程8の前にスイッチを入れる
とベスト)。

1

パイシートにハケでさっと少量
の水(分量外)をぬる。本当に軽
く！

水のぬりすぎ注意

水をぬりすぎるとシロップとなっ
て出てきてしまいます。解凍した
ときに表面が湿っていたら水をぬ
る必要はなし。乾いていたり粉が
多かったりしたときのみ水をぬっ
てください。

2

グラニュー糖をまんべんなくまぶす。

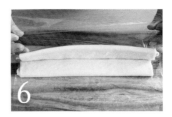

6

さらに半分に折り、しっかりと生地をくっつける。

9

断面にグラニュー糖をまぶし、オーブンシートを敷いた天板に並べる。

3

2の生地の半分の地点に折り目をつけ、さらに半分を三つ折りに中心に向かって折るイメージでまずは両端をひと折りし、折った面にハケでさっと水(分量外)をぬる。

7

ラップに包み、冷凍庫で30分〜1時間冷やす。冷やしすぎるとカットできなくなるので注意。

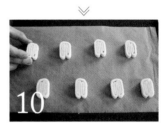

10

きれいなハート形に仕上げるにはすべりのいいオーブンシートのほうがよい。ベーキングマットだとすべりが悪く、きれいなハート形に膨らみにくい。

4

3の水をぬった面にグラニュー糖をしっかりとまぶす。

8

この工程を行う前にオーブンを180℃に予熱する。7を厚さ約1cmにカットする。

11

180℃に予熱したオーブンで20分焼く。

5

ふた折り目を中心に向かって折り、同じようにハケでさっと水(分量外)をぬり、グラニュー糖をしっかりとまぶす。

中央を少し開けておく

中心に少し間隔を空けておくのがポイント。最後の折り込みがしやすくなります。

12

ハート形に広がり、焼き上がれば完成。

缶にクッキーを詰めるときは、パンパンにしすぎ
ず、少し隙間をつくるようにするのがポイント。
それぞれのクッキーの個性が引き立ち、こなれ感
が出てきます。また、小さいサイズのメレンゲが
あるとアクセントになります。

物を大切にするベルギー人

ベルギーでの毎週末の楽しみといえば、ブロカント(Brocante)です。ブロカントとは、いわゆる蚤の市のこと。アットホームな家庭用品から、プロのディーラーによるアンティーク品まで並び、ベルギー各地で開催されています。じつはベルギーは、知る人ぞ知る「ブロカント王国」。それもそのはず、ベルギーでは、物を簡単には捨てずに次の人につなげていく「物を大切にしよう」という精神がとても強いのです。

おしゃれな食器やカトラリー、額縁に家具、燭台に時計、シャンデリア…。ブロカントには、ありとあらゆるものが並びます。素敵な出会いを期待する一方で、一体これは誰が買うんだ…というような家庭の不用品が出品されて

いることもあります。そうそう、15ページで紹介したベルギーの伝統菓子「スペキュロス」の型も、ブロカントに行くと出品されていることもあります。目的なく、ふらっと出かけてみるのもいいですが、僕の個人的な感覚だと、ある程度目的を決めて挑んだほうがいいと思います。大規模なブロカントほど、アンティーク品で溢れかえります。だからこそ、今日は「カトラリーに注目するぞ!」などおおまかな狙いを定めておく。すると、狙いの品物が目に入りやすくなるのでブロカント初心者の方にはおすすめです。

ブロカントでは、お店の人とのコミュニケーションも楽しみのひとつ。多言語国家のため、

毎週日曜日に開催されている、トングレン(Tongeren)のブロカント。花柄の食器はボッホ(Boch)という老舗ブランドで人気のもの。

英語やフランス語、フラマン語などさまざまな言語が飛び交います。なぜかブロカントに出店している店主は、怖そうに（僕には）見えるのですが、日本語でもいいし、ジェスチャーやスマホを駆使して思い切って話してみると、意外とやさしくて親切な人ばかりだったりします。その商品の年代や材質、どこの国のものなのか、どのくらい貴重なものなのかなど、楽しく語ってくれる人が多いので、現地の人との会話も楽しめると思います。

　値段の交渉は、その物の価値を自分で判断して考えた額から、あまりにもかけ離れていたときにするといいかもしれません。「このくらいだったら出せるんだけど…」という感じで。というのも、大きく有名なブロカントに出店しているお店ほど、自分たちの商品に誇りを持って売りに出している印象があり、絶対に折れない店主もいらっしゃるからです。その場ですぐに判断するのではなく、一度カフェなどでじっくり考えるのもいいかもしれません。

　ただ、出会いは運。「やっぱり買おう！」と、再訪したときにはなくなっている可能性もあります。自分が気に入ったものは、他人も気に入ると思ったほうがいいかもしれません。のんびりと散歩するだけでも楽しいので、ベルギーに来た際はぜひ各地のブロカントを訪ねてみてください。

1年にたった3回ほどしか開かれないブルージュ（Brugge）のブロカント。右下の写真は金属のチョコレートの型。プラスチック製の型ができる前は、このような金属の型でチョコレートをかたどっていた。

Chapter 2

つくりやすい
定番の焼き菓子

フィナンシェやマドレーヌをはじめとする、
「定番の焼き菓子」は、シンプルですが、
何度でも食べたくなる特別なもの。
焼き菓子好きにはたまらない
"とっておきの焼き菓子レシピ"ばかりを集めました。
ずっとつくり続けたい「定番の焼き菓子」を
ぜひあなたのものにしてください。

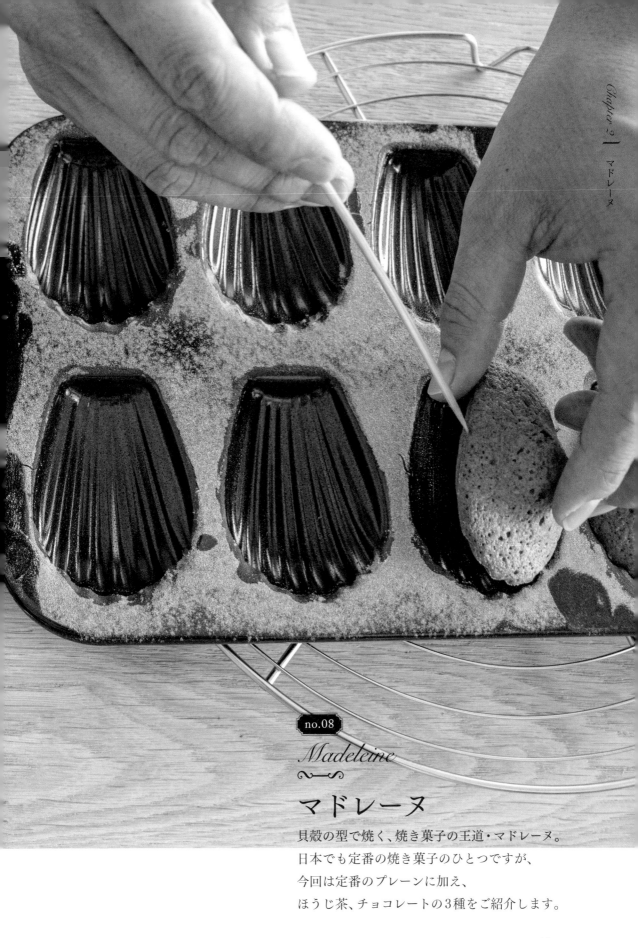

no.08

Madeleine

マドレーヌ

貝殻の型で焼く、焼き菓子の王道・マドレーヌ。
日本でも定番の焼き菓子のひとつですが、
今回は定番のプレーンに加え、
ほうじ茶、チョコレートの3種をご紹介します。

材料《縦8cm×横5.5cmのマドレーヌ型
約15個分》

[3種共通]

無塩バター ••• 100g

卵 ••• 2個

無塩バター（型にぬる用）••• 適量

強力粉（型にふるう用）••• 適量

[プレーン（バニラ）]

A グラニュー糖 ••• 100g
　薄力粉 ••• 50g
　アーモンドプードル ••• 45g
　強力粉 ••• 10g
　ベーキングパウダー ••• 2g
　バニラビーンズ（タネのみ）••• ½本

[ほうじ茶]

A グラニュー糖 ••• 100g
　薄力粉 ••• 50g
　アーモンドプードル ••• 45g
　強力粉 ••• 10g
　ほうじ茶の茶葉 ••• 8g
　ベーキングパウダー ••• 2g

[チョコレート]

A グラニュー糖 ••• 100g
　アーモンドプードル ••• 45g
　薄力粉 ••• 40g
　ココアパウダー ••• 15g
　強力粉 ••• 8g
　ベーキングパウダー ••• 2g

§ 準備

• フードプロセッサーがない場合はホイッパーでも同じ工程でつくれるが、混ぜすぎに注意。ホイッパーを使用する場合、卵は前もってよく混ぜておく。

• プレーンもほうじ茶味もチョコレート味もつくり方は同じ。step1〜2はプレーンのつくり方をベースにしている。プレーンの場合はバニラビーンズのさやに包丁で切り込みを入れてタネをしごきながら取り出し、Aに加える[a]。ほうじ茶味の場合は、ほうじ茶の茶葉をミルに入れ、なるべく細かなパウダー状にしてAに加える[b]。ミルがない場合、包丁でなるべく細かく刻む。茶葉が大きすぎると口当たりが悪い。細かいほうが香りも味もよく出る。

• オーブンを180℃に予熱しておく（工程8でスイッチを入れるとベスト）。

a

b

step1 生地をつくる

1 無塩バターを湯煎にかけてとかす。バターは電子レンジでとかすと飛び散ることがあるので、湯煎のほうが◎。レンジの場合、ラップをして500Wで20秒ずつ様子を見る。

≫

2 Aをフードプロセッサーに入れ、全体を混ぜる。

≫

3 2に卵を割り入れ、全体を混ぜる。

≫

4 途中でふたを開け、まわりについた粉をゴムベラで落とす（ムラができないようにするため）。もう一度フードプロセッサーで混ぜる。

≫

step 2 焼く

5

4に1の無塩バターを入れて全体を混ぜる。

8

ここでオーブンを180℃に予熱する。型（テフロン加工）に無塩バターを薄くぬり、強力粉を薄く全面にふるう。ふるったら型を逆さにして余分な粉を落としておく。

11

焼き上がったら早めに竹串を使って型から外す（そのままにしておくと焼き縮みして生地が固くなる）。ミトンをつけて型をひっくり返すとぽろっと取れるが、火傷に注意。

6

途中でふたを開け、まわりについた粉をゴムベラで落とす（ムラができないようにするため）。もう一度フードプロセッサーで混ぜる。

9

7を絞り袋に入れ、型の8分目まで生地を流す。

7

ボウルに移し、ラップを密着させて約3時間寝かせる。冬場は室温で、夏場は冷蔵庫で寝かせる。

step2に進む前に…
冷蔵庫から出した直後だと、生地が固く型に絞りにくいので、焼く工程の30分〜1時間程度前に室温に置いてください。

10

180℃に予熱したオーブンで12〜14分焼く。

Mini Column
ベルギーのお茶の時間

〜

ほっと一息
ホットチョコレート
(Chocolat chaud)

ベルギーといえば、「チョコレート大国」というイメージを持っている方は多くいらっしゃると思います。そのイメージ通り、といってはなんですが、ほとんどのカフェのメニューにホットチョコレート（ショコラショー）があります。夜にカフェインを控える人が多いからか、気兼ねなく楽しめるホットチョコレートは人気の飲み物。冬場になると、チョコレート専門店がテイクアウトで出すこともありますよ。

no.09

Financier

フィナンシェ

焦がしバターの香りがふわっと口に広がるフィナンシェは、
フランス語で「金持ち、金融家」を意味します。
その名にちなみ、金塊の形を模したとされる形が特徴のお菓子です。
焼き立ては外はカリッと、中はふっくら。
一晩経つと、しっとりとした食感へと変化します。

所要時間
1時間50分 ＋3時間寝かせる

材料《縦9.5cm× 横4.5cmのフィナンシェ型
約12個分》

[プレーン]

無塩バター ••• 110g

卵白 ••• 130g

グラニュー糖 ••• 130g

アーモンドプードル ••• 50g

薄力粉 ••• 50g

ベーキングパウダー ••• 2.5g

無塩バター(型にぬる用) ••• 適量

[紅茶味]

無塩バター ••• 110g

卵白 ••• 130g

グラニュー糖 ••• 130g

アーモンドプードル ••• 50g

薄力粉 ••• 50g

ベーキングパウダー ••• 2.5g

紅茶の茶葉(アールグレー) ••• 8g

無塩バター(型にぬる用) ••• 適量

準備

・卵白は室温に戻しておいたほうがよい(冷たすぎるとバターがしまり、生地がもったりとして気泡が入ってしまうため)。

・プレーンも紅茶味もつくり方は同じ。step1〜3はプレーンのつくり方をベースにしている。紅茶の場合は、茶葉をミルでパウダー状に細かく砕き、薄力粉、ベーキングパウダーをふるった後のタイミングで加える[a]。

・茶葉は包丁で刻んでもOKだが、茶葉が大きいと口当たりが悪くなるので、できる限り細かく刻む。

・オーブンを170℃に予熱しておく(工程13でスイッチを入れるとベスト)。

step1 焦がしバターをつくる

1 鍋に無塩バターを入れて中火にかけ、焦がしバターをつくる。

跳ねるバターに気をつけて

急にバターが跳ねることがあるので、顔を近づけすぎないように注意しましょう。網をかぶせておくと少しは防御になります(完璧な防御ではないので注意)。

2 バターがとけて泡がぶくぶくと出てくる。その後、だんだん小さな泡に変わり、落ち着いてくる。

3 泡が完全に落ち着いたら、いい頃合いのサイン。

4 ボウルに水を入れ、**3**の鍋底を5秒ほどつける。こうすることでそれ以上焦げが進まないようにする。

5 **4**をこして焦げを取り除き、布巾をかけて冷ましておく。

6 卵白をフードプロセッサーに入れて「2秒まわして止める」を5回ほどくり返し、卵白のコシを切る。

> **フィナンシェづくりは混ぜすぎに注意!**
>
> フィナンシェは、なるべく気泡が入らないように混ぜていくことがうまくつくるポイント。フードプロセッサーで「2秒まわして止める」をくり返すイメージで、混ぜすぎに注意しましょう。フードプロセッサーがない場合はホイッパーでもつくれますが、混ぜすぎに注意してください。

8 7に薄力粉とベーキングパウダーを入れ、「2秒まわして止める」を5回ほどくり返す。紅茶味の場合は、ここで茶葉を入れる。

⌄

9 ゴムベラでまわりについた粉を落とし、もう一度「2秒まわして止める」を5回くり返し、写真くらいの状態にする。

⌄

7 6にグラニュー糖、アーモンドプードルを入れて「2秒まわして止める」を5回ほどくり返す。

⌄

10 5が人肌まで冷めたことを確認する。

⌄

11 冷めた10を9に入れ、「2秒まわして止める」を5回ほどくり返す。

⌄

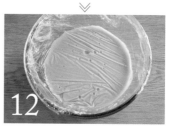

12 11にラップを密着させて約3時間寝かせる。冬場は室温で、夏場は冷蔵庫で寝かせる。

> **step3に進む前に…**
>
> 冷蔵庫から出した直後だと、生地が固く型に絞りにくいので、焼く工程の30分〜1時間程度前に室温に置いてください。

13 ここでオーブンを170℃に予熱する。型に（鉄のシリコン樹脂加工）無塩バターを薄くぬる。

15 170℃に予熱したオーブンで約20分焼く（約15分焼き、その後向きを反転させて5分焼く）。

14 12を絞り袋に入れ、型の8分目まで生地を流し込む。一度に焼けない場合は生地を常温で置いておき、1回目を焼き終えたら型を涼しい場所において冷まし、次を焼く。

16 火傷に注意しながら型から外し、冷めたら完成。

Mini Column
ベルギーのお茶の時間

食後にすっきり
エスプレッソ

苦味の強いエスプレッソは朝のめざましとして飲むイメージがあるかもしれませんが、それはイタリア人に多い話。ベルギー人などはエスプレッソを食後に飲むことが多いような気がします。食事をした後に飲めば、口の中の油っぽさをすっきりさせることができます。レストランなどで注文するとワンショットにするか、ダブルにするかを聞かれます。結構、濃いものが来るのですが、クッと一気に飲みます。デザートの代わりとしてエスプレッソだけを飲む人もいるようです。

Dacquoise

ダックワーズ

アーモンドの旨味がたっぷり詰まった、
卵白生地のダックワーズ。
通常は型を使って形を整えますが、
今回は丸く絞ってコロンとかわいらしく仕上げました。
手づくりのプラリネアーモンドクリームは絶品です！

所要時間 3時間35分 ＋1時間冷ます

材料《直径約4cm 約30個分》

◆プラリネアーモンドペースト

（市販のプラリネペーストで代用してもOK）

アーモンド ••• 150g

グラニュー糖 ••• 75g

塩 ••• ひとつまみ

◆プラリネアーモンドクリーム

水 ••• 15g

グラニュー糖 ••• 65g

卵白 ••• 30g

無塩バター ••• 200g

プラリネアーモンドペースト

••• 200g（上記の材料でつくった場合は全部。または市販のプラリネペースト）

◆ダックワーズ生地

A｜アーモンドプードル ••• 130g
｜粉糖 ••• 80g
｜薄力粉 ••• 35g

卵白 ••• 160g

グラニュー糖 ••• 50g

◆仕上げ

粉糖 ••• 適量

準備

・ダックワーズはなるべく一度に焼く。2回に分けて焼く場合、1回目を焼いている間に生地を絞っておき、焼き上ったらすぐにオーブンに入れる。

・卵白は冷蔵庫でよく冷やしておく[a]。

・プラリネアーモンドクリームをつくる前に、バターは薄く切り、指で押して跡がつくくらいまで室温に置く（やわらかすぎてもよくないので、指でつまめるくらいのやわらかさが目安）[b]。

・オーブンを150℃に予熱しておく（アーモンドをローストするため。工程1を始める前に行う）。

・オーブンを190℃に予熱しておく（ダックワーズの生地を焼くため。工程24でスイッチを入れるとベスト）。

 a
 b

---

step1 **プラリネアーモンドペーストをつくる**

1
作業を始める前にオーブンを150℃に予熱する。アーモンドを天板に並べて香りを出すために約20分ローストする。

オーブンに入れて保温

ローストしたアーモンドは、電源を切ったオーブンの扉を少し開けて中に入れておくとよいです（適度に保温され、キャラメルに入れたときに絡みやすくなる）。一気に入れやすいように耐熱容器などに入れておきましょう。

2
鍋を中火よりの弱火にかけ、グラニュー糖を4～5回に分けて入れる。最初は少量入れ、できるだけ触れずに透明になるまで待つ。

3
鍋をゆするようにグラニュー糖を広げると均等にとける。少しずつ入れるとダマになりにくく、徐々に色づくのでキャラメルの焦げの濃さを調整しやすい。

4
最後のグラニュー糖を入れたら塩を入れる。

5
4がしっかりとけてキャラメル色になり、鍋底からまわりにかけて小さな気泡がポコポコと出てきたら、1のアーモンドを一気に入れる。

キャラメルの気泡に注目

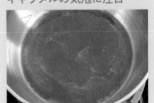

キャラメルの煮詰め具合はお好みですが、気泡が中心から出るくらい煮詰めてしまうと、アーモンドとうまく絡まりにくくなります。まわりから小さく気泡が出るくらいがおすすめです。

6
木べらで5を手早く混ぜ、アーモンド全体にキャラメルを絡める。

7

オーブンシート（または穴の開いていないベーキングマット）の上に**6**を広げ、30分〜1時間冷ましておく。

11

10をボウルに移す。おいしいプラリネペーストをつくるには、いかに油を出さずに作業するかがポイント。まわしすぎには注意。

14

卵白が少ないので、ボウルを傾けながら泡立てる。ひとりで作業する場合は、布巾などを利用して段差をつくるのがおすすめ。

8

7が完全に冷めたら、包丁で細かく刻む。放置しすぎると湿気を吸ってペタペタしてきてしまうので、冷めたらなるべく早めに作業する。

プラリネアーモンドペーストづくりのポイント

まわし続けるとペースト状になっていきますが、まわせばまわすほど機械もプラリネも熱を持ち、だんだん油が出てきてしまいます。10回ほど続けてもまだペーストにならない場合は、一度休ませてから再度まわすのが機械にとってもプラリネにとってもよいです。

15

鍋のシロップの温度が115℃になったら、ハンドミキサーで泡立てながら、**14**に少しずつシロップを注いでいく。

9

フードプロセッサーに**8**を入れて約1分まわし、ゴムベラでムラが出ないように混ぜる。

step2 **プラリネアーモンドクリームをつくる**

12

鍋に水とグラニュー糖を入れて弱火にかけ、シロップをつくる。

16

ハンドミキサーで泡立て続け、無塩バターをひとつかみずつ入れていく。

10

再びフードプロセッサーを約1分まわし、ゴムベラで混ぜる。これをペースト状になるまでくり返す。

13

ボウルに卵白を入れる。**12**を温度計で測り、100℃を超えたあたりから卵白をハンドミキサーで泡立て始める。

17

冬場は気温が低く、バターがうまく混ざらないことがある。そういった場合は、適宜湯煎し、やわらかさを調整する。

18

17に**11**のプラリネアーモンドペースト(市販品の場合は200g)を入れ、ハンドミキサーでよく混ぜる。プラリネアーモンドクリームの完成。

22

卵白をハンドミキサーで泡立て、グラニュー糖を5回に分けて入れる(その都度よく混ぜる)。

26

25の上に粉糖をふるう。

19

完成したクリームは冬場は室温に置いてOK。夏場は冷蔵庫に入れておく。

step 3 | ダックワーズ生地をつくる

23

22をピンとツノが立つメレンゲにしていく。

20

Aをフードプロセッサーに入れ、全体を混ぜる。もしくは、オーブンシートの上で網にかけ、ダマをなくしておく。

24

23に**21**を2回に分けて入れ、ゴムベラで大きく混ぜる。1回目は少しダマが残っていてもOK。2回目から大きく15回ほど混ぜる。ここでオーブンを190℃に予熱する。

27

190℃に予熱したオーブンで約10分焼く。焼き色が白っぽく薄いと、あとからペタペタしてしまうので、薄めのキツネ色を目安にオーブンから出す。

21

20をオーブンシートなどに出し、あとで加えやすいようにしておく。

25

24を絞り袋に入れ、穴の開いていないベーキングマットを敷いた天板の上に形をそろえて約60個絞っていく(オーブンシートの裏に直径4cmのガイドラインを描いておくのも◎)。

28

27が冷めたら、形がなるべく同じものをセットで選別して並べる。**19**を絞り袋に入れ、底生地の平らな面を上にして上に絞っていく。

29

セットしたもうひとつの生地をのせて完成。お好みで仕上げに粉糖をふるってもOK。

Seasonal fruit tart

季節のフルーツタルト

フランス・ブルターニュ地方の郷土菓子、
「サブレブルトン」のレシピにベーキングパウダーを加えて、
ふっくらとしたタルト生地に焼き上げました。
季節のフルーツをたっぷりとのせれば、贅沢なタルトが完成。
手土産にしたら、喜ばれること間違いありません。

所要時間
2時間50分 ＋3時間休ませる

材料《直径7cmの型約10個分》
◆タルト生地（サブレブルトン）

A｜ 薄力粉 ••• 130g
　｜ グラニュー糖 ••• 90g
　｜ ベーキングパウダー ••• 5g
　｜ ライムの皮 ••• ½個分
　　 無塩バター ••• 100g
　　 卵黄 ••• 2個

季節のフルーツ（桃、アメリカンチェリー、
　杏、洋梨、りんご、プラム、ブルーベリー、
　いちごなど）••• 適量
打ち粉（強力粉）••• 適量
カソナード（ブラウンシュガー）••• 適量
杏ジャム（艶出し用）••• 適量

準備

• バターはサイコロ状にカットして
冷蔵庫で冷やしておく［a］。
• オーブンを150℃に予熱しておく
（工程9でスイッチを入れるとベスト）。

a

step 1 タルト生地をつくる

1
Aをフードプロセッサーに入れて
全体を混ぜる。ライムの皮はすり
おろして入れる。

2
無塩バターを**1**に入れ、バターが
細かくなってパラパラになるまで
混ぜる。

混ぜすぎないのがポイント
混ぜすぎると、バターがとけ出して
べちゃっとしてしまいます。バター
がパラパラとなったところで止めま
しょう。

3
卵黄を入れて混ぜ、生地がまと
まってきたら止める。この時点では
しっかり混ざり切っていなくて
OK。

4
まな板に**3**の生地を取り出して手
でひとつにまとめる。

5
ラップに包んでめん棒でのばし、
冷蔵庫で最低3時間しっかりと休
ませる。余裕があれば前日に仕込
み、一晩寝かせるのがベスト。

6 季節のフルーツをカットしておく。

10 6のフルーツを9の生地の上に並べる。

13 焼き上がったら粗熱を取り、型から外す。

7 まな板に打ち粉をふるい、5の生地を厚さ約7㎜になるようにめん棒でのばす。

11 フルーツの上にカソナードをふる。

14 冷めたら、艶出しに杏ジャムをぬって完成。

杏ジャムがゆるいときは…

杏ジャムがゆるい場合は、少し火にかけて煮詰めましょう。タルトにぬったとき、表面に留まる固さくらいまで調整してください。

8 直径7㎝の型で生地をくり抜く。

12 150℃に予熱したオーブンで30〜35分焼く（約20分焼き、その後向きを反転させて10〜15分焼く）。

9 直径7㎝のシリコン型に8の生地を入れる。ここでオーブンを150℃に予熱する。

Mini Column
ベルギーのお茶の時間

〜

自家製アイスティー
テ・グラセ・メゾン
(Thé glacé maison)

ベルギーのカフェでは、夏になると自家製アイスティーがメニューに登場します。各店舗によってレシピはさまざま。アイスティーに柑橘類やミントを入れるのが定番ですが、オレンジジュースやりんごジュースで割ったり、蜂蜜やシロップを加えたりなどそのお店の特色が出ます。先日、友人宅でのホームパーティーで、すみれシロップ入りの自家製アイスティーをいただきました。香り高くとてもおいしかったです。ちなみにベルギーでは食用花の文化があり、すみれのシロップなども近所のスーパーで手軽に購入することができます。

no.12

Egg tart

リーフパイの生地を使って

エッグタルト

パイ生地づくりの過程でどうしても出てしまう切れ端。
今回は、水分が多く、食感が失われにくいという
「フィユタージュ・ラピッド」のパイ生地（P.36）の特徴を活かし、
エッグタルトに変身させます。
シナモンとレモンの香りが爽やかなタルトに仕上げました。

所要時間
2時間45分 + 計3時間休ませる 1時間固める

材料《直径8cmの型 約8個分》
パイ生地の切れ端
　リーフパイ（P.36）で残ったパイシート・・・2枚分[a]
　※切れ端を利用しない場合は、
　　37ページの材料通りにパイ生地をつくる

打ち粉（強力粉）・・・適量

A｜ 牛乳 ・・・180g
　｜ グラニュー糖 ・・・80g
　｜ 生クリーム（35%）・・・20g
　｜ シナモンスティック ・・・1本
　｜ バニラビーンズのさや
　｜ 　（ディアマン（P.18）やフロランタン
　｜ 　（P.30）などの残り）・・・¼本
　｜ レモンの皮
　｜ 　（オーガニックのもの）・・・少々

B｜ グラニュー糖 ・・・20g
　｜ 卵 ・・・1個
　｜ 卵黄 ・・・1個
　｜ 薄力粉 ・・・15g

準備

・冷凍したパイ生地の切れ端は作業の約1時間前に冷蔵庫に入れて解凍しておく[a]。
・切れ端を使わない場合は、37ページのリーフパイでつくったパイシート1枚分が必要。
・今回使用の型は直径8cmのタルト型。小さなアップルパイやマフィンをつくるのにも向いている[b]。
・オーブンを210℃に予熱しておく（工程**18**でスイッチを入れるとベスト）。

a　　　　b

step1 生地をのばす

1 なるべく厚さにムラがないように、リーフパイ（P.36）で余ったパイ生地の切れ端を隙間なくまな板の上に均一に並べる。

2 1に打ち粉をしながらめん棒でのばす。

3 三つ折りにする。

4 3の生地を90度回転させる。

5 打ち粉をしながら生地の長さが約2倍になるように、まっすぐにのしていく。

6 5を三つ折りにする。

7 写真が三つ折りにした状態。

8 7をラップで包み、冷蔵庫で約1時間休ませる。

9

8の生地をまな板に出す。打ち粉をしながら厚さ4〜5㎜、長さの目安は約18㎝になるようにめん棒でのばす。

10

9にハケで薄く水（分量外）をぬる。

11

10の生地をくるくると巻いていく。

12

ラップで包み、冷凍庫で約1時間固める。

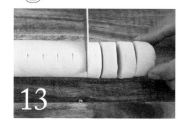

13

12を包丁でひとつ約20gになるようにカットしていく。カットした生地はラップをかぶせて冷蔵庫に入れておく。

> **残った生地の保存方法**
> 残った生地は、ラップにしっかりと包み、冷蔵庫で約1ヶ月保存可能です。使用するときは、カットしやすい固さまで半解凍させて使ってください。

14

カットした13の生地のひとつを取り出し、打ち粉をしたまな板の上でめん棒を使いながら、型よりもひとまわり大きく丸くのばす。他の生地は冷蔵庫で冷やしておく。

15

生地にフォークで穴を開ける。

16

親指で型の側面に沿わせるように敷き込んでいく。残りの生地も同様にする。

17

16にラップをかけ、冷蔵庫で約1時間休ませる。

step 4 クリームをつくる

18

ここでオーブンを210℃に予熱する。鍋にAを入れて中火にかけ、ふつふつと沸くまで火にかける。

⌄

19

ボウルにBを入れてホイッパーでよく混ぜる。

⌄

20

19に薄力粉をふるいながら入れ、よく混ぜる。

⌄

21

20のボウルをよく混ぜながら18を入れる。

⌄

22

21をこしながら注ぎやすい器に入れる。

step 5 焼く

23

17を冷蔵庫から出して天板にのせ、22を8分目まで注ぐ（1個あたり約40〜50gを目安に。22は温かいままでOK）。

⌄

24

210℃に予熱したオーブンで20〜23分焼く。

⌄

25

焼き色がついたら完成。

Plain pound cake

パウンドケーキプレーン
（杏ジャムとバニラの香り）

シンプルなレシピですが、しっとり＆ずっしりとした
食感をつくるのに意外と苦労した1品です。
バニラの香りをたっぷり効かせた
贅沢なパウンドケーキに杏ジャムをぬれば、
クオリティが一段とアップします。

所要時間
2時間20分 + 一晩寝かせる

材料《19cm×9cmのパウンドケーキ型1本分》

無塩バター(生地用) ••• 125g

A ‖ グラニュー糖 ••• 125g
　‖ バニラビーンズ ••• 1本

生クリーム(35%) ••• 10g

卵 ••• 2個

薄力粉 ••• 125g

ベーキングパウダー ••• 3.5g

無塩バター(型にぬる用、
　生地の中央に絞る用) ••• 適量

強力粉(型にふるう用) ••• 適量

杏ジャム ••• 適量
　(お好みで。なくてもOK)

準備

• 卵は室温に戻しておく(冷えているとバターが分離しやすい)。

• 無塩バターは薄く切って指で押して跡がつくらいまで室温に置く[a]。

• オーブンを170℃に予熱しておく(工程7でスイッチを入れるとベスト)。

a

step 1 生地をつくる

1

生地用の無塩バターとAをボウルに入れ、ゴムベラでほぐす。バニラビーンズは切れ目を入れてタネのみを取り出して入れる(さやは飾りで使えるのでとっておく)。

⋁

2

1をホイッパーでよく混ぜていく。

⋁

3

2のバターの黄色っぽさがなくなり、空気を含み白っぽくツノが立つクリーム状になったら、生クリームを入れてよく混ぜる。

湯煎でクリーム状に

このとき、湯煎すると早くクリーム状になります。ただし、湯煎しすぎるとバターがとけてきてしまうので注意。

4

卵を割り、フォークでよくほぐす。

⋁

5

3に4を5〜6回に分けて少しずつ入れ、その都度よく混ぜる。

⋁

6

卵は最初はほんの少しだけ入れ、だんだん量を増やしていく。毎回乳化させるイメージで。卵を入れる4〜5回目あたりが一番分離しやすいので注意。

分離させないように注意!

卵が冷たいと分離の原因になるため、室温に戻しておくのが重要。どうしても分離してしまう場合、ボウルを5秒ほど湯煎して調整するとよいです。とにかくバターをとかしすぎないように!

⋁　　　　　　　　⋁

7

ここでオーブンを170℃に予熱する。**6**に薄力粉とベーキングパウダーをふるいにかけながら入れる。

⋙

8

ゴムベラで20回ほどさっくりと混ぜていく。粉っぽさがなくなり全体にムラがなくなったらOK。必要以上に混ぜすぎないように注意する。

パウンドケーキの生地をつくるポイント

パウンドケーキの生地は、卵を入れると分離しやすくなりますが、分離したとしても、粉を入れることである程度はつながってくれます。途中で失敗したと諦めずに粉を入れて焼いてみてください。だんだんと経験を重ねていけば、分離させないコツをつかめるはずです。

9

型に無塩バター（バターのやわらかさはマヨネーズくらいを目安に）をハケで薄くぬり、強力粉を薄く全面にふるう。ふるったら型を逆さにして余分な粉を落としておく。

⋙

10

型に**8**を入れ、布巾の上などに軽くトントンと落として生地をなじませる。

⋙

11

お好みで無塩バターを生地の真ん中に絞る（焼くと絞ったところがきれいに割れる）。**9**で型にぬったバターが余っていたら、ここで使うと無駄がない。

⋙

12

170℃に予熱したオーブンで約50分焼く。約40分経ったところで天板の向きを反転させて、そのまま残り8〜10分焼く。

13

竹串を刺し、中の生地がついてこなければ焼き上がり。型から外して冷ましておく。

熱いので注意！

型は熱いのでミトンをつけるなど注意して作業してください。

⋙

14

冷めたらラップに包んで冷蔵庫で一晩寝かせる。しっとりするのでおすすめ。

step3 仕上げる

15

杏ジャムのとろみがゆるすぎる場合は、鍋で軽く煮詰めてとろみを出す。軽くポツポツと気泡が出るくらい煮詰めたらOK。

⋙

16

元々とろみがある杏ジャムも温めたほうがぬりやすくなる。温めたジャムは熱いうちにぬる。

⋙

17

お好みで、1で残しておいたバニラビーンズのさやを飾って完成。

Mini Column
ベルギーのお茶の時間

〜〜〜

紅茶だけじゃない！
ベルギーの
ティー(Thé)事情

ティーというと、日本ではダージリンティーやアールグレイティーなどいわゆる"茶色い"紅茶だけをイメージするかもしれません。しかし、ベルギーのティーは茶色いものだけではありません。お湯にフレッシュミントなどのハーブを入れたティーも多くの人に好まれており、テ・アンフュジョンという名前でカフェメニューに載っています。何も知らずにカフェで「ティーください」と頼んでしまうとハーブティーが出てくるかも。ベルギーで紅茶を飲みたいときは「ブラックティー(紅茶)をください」と頼みましょう。

no.14

Marble chocolate pound cake

マーブルチョコパウンドケーキ

パウンドケーキプレーン（P.68）の応用レシピ。チョコレート生地に
ガナッシュを使うという、僕の中でも挑戦的なレシピでしたが
しっとり濃厚なパウンドケーキに仕上がりました。
ナッツ入りのチョコレートでコーティングした、見た目も豪華な1品です。

所要時間
2時間45分 + 一晩寝かせる

材料《19cm×9cmのパウンドケーキ型1本、
直径6cmのマフィン型4個分》

◆パウンドケーキの生地

無塩バター ••• 190g

グラニュー糖 ••• 150g

卵 ••• 3個

薄力粉 ••• 190g

ベーキングパウダー ••• 5g

◆ガナッシュ

スウィートチョコレート ••• 100g

生クリーム（40%）••• 50g

無塩バター（型にぬる用）••• 適量

強力粉（型にふるう用）••• 適量

チョコチップ（仕上げ用）••• お好みで

◆コーティングチョコレート

スウィートチョコレート ••• 180g

アーモンド ••• 50g

ココナッツオイル ••• 40g

準備

・無塩バターは薄く切って指で押して跡がつくらいまで室温に置く[a]。

・卵は室温に戻しておく（冷えているとバターが分離しやすい）。

・オーブンを160℃に予熱しておく（パウンドケーキを焼くため。工程**10**でスイッチを入れるとベスト）。

・オーブンを150℃に予熱しておく（アーモンドをローストするため。工程**15**を始める前にスイッチを入れるとベスト）。

---

step 1 　**生地をつくる**

1 ボウルに無塩バターとグラニュー糖を入れ、ゴムベラでほぐす。

4 **3**に薄力粉とベーキングパウダーをふるいにかけながら入れる。

2 **1**をホイッパーで白っぽくクリーム状にツノが立つまで混ぜる。

> **空気を入れるように混ぜる**
>
> しっかりバターに空気を含ませ、ツノが立つクリーム状にすることで、卵を入れたときに分離しにくくなります。ハンドミキサーを使ってもOKです。

5 粉っぽさがなくなるくらいまで、ゴムベラで切るようにさっくりと混ぜる。

6 **5**の生地を半分に分ける。

3 **2**のボウルにしっかりときほぐした卵を5回に分けて入れ、その都度分離しないようにホイッパーでよく混ぜる。

> **混ぜるポイント**
>
> 室温が低かったり、卵が少し冷たかったりしたときは、お湯を入れたボウルに数秒つけましょう。バターがとけない程度にお湯につけ、しっかり混ぜると分離しにくくなります。

step 2 ガナッシュをつくる　　step 3 生地を焼く

7
スウィートチョコレート（ガナッシュ用）を細かく刻む。このとき、コーティング用のチョコレートも刻んでおく。

8
7で細かく刻んだスウィートチョコレート（ガナッシュ用）に湯気が出るくらいに温めた生クリームを入れる。ゴムベラで混ぜて乳化させ、なめらかにする。

とけない場合
スウィートチョコレートがとけ切らなかったら、500Wの電子レンジに数十秒ずつ入れてよく混ぜ、様子を見ながらとかしていきます。

9
型に無塩バター（バターのやわらかさはマヨネーズくらいを目安に）をぬり、強力粉をふるう。ふるったら型を逆さにして余分な粉を落としておく。

強力粉＆バターで剥がれやすく
強力粉をふるうことで、パウンド型にバターを定着させます。バターのみだと、型の種類によっては剥がれないこともありますが、強力粉があると、どの型でも確実に剥がれます。

10
ここでオーブンを160℃に予熱する。6で半分にした生地の片方に、8でつくったガナッシュを約33℃に調温して入れ、さっくりと混ぜる。

調温のコツ
ガナッシュはつくり終わった時点でおそらく40℃以下になっているので、型の準備をしている間に適温になっていると思います。冷めすぎた場合は、500Wの電子レンジに10秒ずつ入れてその都度温度をチェックします。

11
6で半分にした生地のもう片方に10を入れ、完全に混ざり合わない程度（マーブル状）になるように軽く混ぜ合わせる。

12
11の生地を型の8分目まで入れる。スプーンを使って入れるとマーブル模様がくずれにくい。160℃に予熱したオーブンで約50分焼く。

13
余った生地でマフィンをつくる。型ひとつあたりに7割程度生地を入れる。お好みでチョコチップをトッピングしてもOK。160℃に予熱したオーブンで約25分焼く。

14
火傷に気をつけて12を型から外す。工程9をしっかりしておけばするっと取れるはず。冷めたらラップをし、一晩冷蔵庫に寝かす。マフィンも寝かせるとしっとりする。

step 4 仕上げる

15

作業前にオーブンを150℃に予熱する。コーティングチョコレート用のアーモンドの香りを出すため約20分ローストする。

16

ローストしたアーモンドが冷めたら、細かく刻む。

17

7で刻んだスウィートチョコレート（コーティング用）にココナッツオイルを入れ、500Wの電子レンジで数十秒温め、混ぜながらとかす。37〜40℃に調温し、**16**を加える。

18

一晩寝かせた**14**のマーブルチョコパウンドケーキを冷蔵庫から出し、**17**のコーティングチョコレートをまんべんなくかける。

よく冷えていたほうが◎

マーブルパウンドケーキは直前まで冷蔵庫で冷やしておいたほうが、コーティングがきれいにかかります。

調温のコツ

電子レンジでチョコレートがとけ切ったときはだいたい37℃くらいになると思います。温めすぎなければすぐに適温になります。

Mini Column
ベルギーのお茶の時間

NEXT 抹茶なるか!?
ほうじ茶

煎茶や玄米茶、ほうじ茶など、僕たち日本人は、よくお茶を飲みますよね。じつは、ベルギー人も日本茶が大好き！ しかし、やはり有名なのは、緑茶や抹茶です。それに比べると、ほうじ茶はまだまだ市民権を得ておらず、アジアの茶葉好きなら知っている…くらいの認知度に留まっています。僕のパティスリーでも「ほうじ茶と生チョコのケーキ」を出しており、お客さんには「ほうじ茶を使っているんです」と伝えて買ってもらっています。今はまだ知られていないけれど、これから抹茶レベルの人気者になるかもしれません。

Column 2

ベルギーにまつわるお話

ベルギー人の食生活

ベルギー人の多くは、昼に温かく重めの食事をし、夜は冷たく軽いものを食べます。もちろん、外食や旅行時など例外はありますが、これが伝統的なベルギー人の食事パターン。フランス系ベルギー人だと、さらに夕食前にアペリティフ（Apéritif）と呼ばれる、冷たいおつまみと一緒に一杯飲むひとときもあったりします。

ベルギーに来てから改めて感じたのですが、日本の食事は、煮物や炒め物などに砂糖やみりんなど甘味が多く使われますよね。一方、ベルギーの料理には砂糖が使われないのです。唯一、カルボナードという牛肉のビール煮込みには砂糖が使われますが、それ以外では聞いたことがありません。日本の料理には砂糖が入っている、とベルギー人に伝えたらギョッとされたことがあります。そのくらい料理に砂糖を使うのがピンとこないのでしょう。

その代わり、食後のデザートは欠かせません。食後にはスイーツ、もしくはフルーツを食べて糖分を補給します。コーヒーや紅茶にも砂糖を入れる人が多く、食事で糖分を取らない代わりに、ここでバランスを取るのです。

以前、甘いデザートを食べる習慣もなければ、飲み物に砂糖を入れるタイプでもなかった友人が、国際結婚をし、ベルギーにやってきました。数年経った頃に原因不明の体調不良になり、病院へ行ったそうです。すると、なんと糖分不足が不調の原因だったことが発覚！

ⓐベルギーでも砂糖を使う料理、カルボナード。
ⓑご近所のフランス人のおじいちゃんに招かれたときのアペリティフ。
ⓒベルギーではよく食べられる温かい料理と冷たい料理。

食事もベルギーのものを食べ、特にデザートなども好まない食生活を送っていたら、まさか弊害があるなんて、と本人もびっくりしていました。

デザートから糖分を取るベルギー人は、スイーツの買い方も豪快です。チョコレートは、量り売りなので基本的にキロ買い。日本ではありえない量を普通に買います。クッキーも日本とは売り方が異なり、ショーケースに裸のままたくさん並べられており、こちらも量り売り。日本では、焼き菓子がひとつずつ包装されているのが当たり前ですが、その裸で売られているクッキーたちは、手袋なしの手づかみで箱に入れられていきます。パンもケーキも、手づかみのところが多く、最初はカルチャーショックでした。ベルギー人たちもそれをあまりよくは思っていないようでしたが、そういうお店は多いのです。でも、かわいらしいおばあちゃんの店員さんがニコニコ接客してくれると、そんなことは忘れてしまうのですが…。そういうラフなところはヨーロッパ全体で昔から変わらず、きっとこの先もそのままいくと思っていましたが、最近は新型コロナウイルス感染症の影響で、衛生面は劇的に変わってきています。ヨーロッパもやればできるんだな、と驚きです。このコラムを読んだみなさんも安心してヨーロッパでお菓子を食べてくださいね(笑)。

メゾン・ダンドワ(Maison Dandoy)は、スペキュロスが人気のお菓子屋さん。店内もかわいいので観光客にも人気。

d ベルギー王室御用達の有名チョコレート店・マリー(Mary)。e クッキーやチョコレートだけではなく、キャラメルも量り売り。

77

Chapter 3

ヨーロッパの
伝統焼き菓子

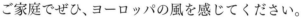

ここからは、ベルギーやフランスなどヨーロッパで
よく食べられている「ヨーロッパの伝統焼き菓子」を
紹介していきます。
僕のパティスリーにもこういった伝統菓子は多く並んでおり、
現代でも根強い人気を誇っています。
ご家庭でぜひ、ヨーロッパの風を感じてください。

Brussels-Brest

ブリュッセルブレスト
（濃厚ベルギーチョコ味）

自転車のタイヤをイメージした伝統菓子「パリブレスト」を
ミニシューが6個連なるリング状に大胆にアレンジしました。
濃厚なベルギーチョコレートを使って、シュー生地もチョコ味にし、
チョコレート王国ベルギーの首都「ブリュッセル」の名前をつけました。

所要時間
3時間30分 +一晩寝かせる

材料《直径12cmのリング4個分》

◆チョコシューサブレ

A | グラニュー糖 ••• 50g
　 | 薄力粉 ••• 45g
　 | ココアパウダー ••• 6g

無塩バター ••• 50g

◆ガナッシュ&濃厚チョコクリーム

[ガナッシュ]

生クリーム (35%) ••• 320g ⓐ

水飴 ••• 100g

B | スウィートチョコレート (65%)
　 | 　　••• 160g
　 | ミルクチョコレート (33%) ••• 70g

[濃厚チョコクリーム]

上記でできたガナッシュ ••• 300g

生クリーム (35%) ••• 150g ⓑ

◆チョコシュー生地

卵 ••• 2個

X | 豆乳 ••• 100g
　 | 　(牛乳を使う場合は牛乳50g + 水50g)
　 | 無塩バター ••• 40g
　 | 塩 ••• ひとつまみ

Y | 薄力粉 ••• 45g
　 | 強力粉 ••• 10g
　 | ココアパウダー ••• 8g

準備

・シューサブレで使う無塩バターはサイコロ状にカットして冷蔵庫で冷やしておく。シュー生地で使う卵は室温に戻しておく。

・オーブンシートにシューの形のガイドラインを描いておく[a]。

・直径4cmのミニシューが6個つながったリングシューが4個分できる[b]。

・シュー生地で豆乳を使う理由は、牛乳よりも水分量が多く、熱を加えたときに膨張しやすくなるから。中に空洞ができやすく、薄皮で中にたくさんクリームが入る。

・チョコレートは細かく刻んでおく。

・オーブンを180℃に予熱しておく（工程**20**でスイッチを入れるとベスト）。

a　b

step 1 チョコシューサブレをつくる

1
Aをフードプロセッサーに入れて混ぜる。

4
めん棒で厚さ約3mmになるようにのしていく。

2
1に無塩バターを入れて、バターが細かくなって全体がパラパラになるまでまわす。

5
直径4cmの抜き型で約24個抜いていく。

3
2をまな板に取り出して手でひとまとめにしていく。

6
5をまな板に並べてラップをし、焼く直前まで冷凍庫で冷やしておく。

step2 ガナッシュ＆濃厚
チョコクリームをつくる

step3 チョコシュー生地を
つくる

鍋に生クリーム **a** と水飴を入れて沸騰直前まで火にかける。

10に生クリーム **b** を入れてよく混ぜる。これで濃厚チョコクリームの完成。

卵をよくほぐしておく。

7が沸いたら **B** を入れた耐熱の器に注いでなめらかになるまでブレンダーで混ぜる。

9のガナッシュと11の濃厚チョコクリームにそれぞれラップを密着させ、冷蔵庫で一晩寝かせておく。

X を鍋に入れて中火にかけ、無塩バターがとけてふつふつとするまで火にかける。

8を300g分だけ別の器に分ける。これでガナッシュの完成。

14がふつふつとしたら火を止め、**Y** をふるいにかけながら入れる。

9で残ったガナッシュの温度を放置して約40℃まで落とす。

粉っぽさがなくなるまで木べらで15を手早く混ぜる。

17

鍋をもう一度中火にかけ、混ぜ続ける。鍋底に薄い膜が張り、ひとまとまりになったらボウルに移す。

20

ここでオーブンを180℃に予熱する。ガイドラインを描いたオーブンシートを裏返して天板に敷き、**19**を絞り袋に入れて絞っていく。

23

22を半分にカットする。一気に切るとくずれやすいので、2回に分けてカットするイメージで行う。

18

17に**13**を約5回に分けて少しずつ入れる。その都度よく混ぜる。

21

20の上に**6**のチョコシューサブレ生地をのせる。

24

12で寝かせておいたガナッシュを絞り袋に入れ、**23**でカットした底生地に絞っていく。

入れる卵の量は調整

卵の量はあくまで目安です。火を入れるときに水分がどのくらい飛んでいるかによって卵の量は若干変わります。生地の状態（生地を持ち上げたときに落ちる状態）をよく見ながら、**19**を目指して調整してください。

22

180℃のオーブンで約30分焼き、その後150℃に温度を落として20〜25分焼く。焼き上がったら冷ましておく。

25

12で寝かせておいた濃厚チョコクリームをハンドミキサーでしっかりとツノが立つまでよく混ぜ、絞り袋に入れて**24**の上に絞る。

分けて焼くとき

一度にオーブンに入らない場合は、2回に分けて焼いてもOK。ただし、生地が乾燥していたら霧吹きなどをしてから焼いてください。

19

ゴムベラで持ち上げて落としたとき、生地が三角形になり、ゴムベラに留まるくらいが生地のやわらかさの理想。

26

25の上に生地をのせて完成。

no.16

Cream cheese and yogurt tart flan

クリームチーズとヨーグルトの
タルトフラン

クリームチーズとヨーグルトを使い、
伝統菓子のタルトフランをさっぱりとコクのあるタルトにアレンジ。
フランのやわらかさを邪魔しないように、
スッと口の中でほどけるようなほろほろのタルト生地にしてあります。

所要時間
3時間5分 + 30分寝かせる
一晩冷やす

材料《直径18cm×高さ5cmの
ホールケーキ型1台分》

◆タルト生地

A | 中力粉 ・・・ 180g
　| 粉糖 ・・・ 55g
　| アーモンドプードル ・・・ 40g
　| ベーキングパウダー ・・・ 2g

B | 有塩バター ・・・65g
　| 無塩バター ・・・ 40g

卵黄 ・・・ 2個
無塩バター(型にぬる用) ・・・ 適量
打ち粉(強力粉) ・・・ 適量
牛乳(生地の接着用) ・・・ 適量

◆アパレイユ

クリームチーズ ・・・ 180g
グラニュー糖 ・・・ 70g
バニラビーンズ(タネのみ) ・・・ 1本
無糖ヨーグルト ・・・ 80g

C | 生クリーム(35%) ・・・ 360g
　| 卵黄 ・・・ 3個
　| 卵 ・・・ 1個

準備

・タルト生地に使うバターはサイコロ状にカットして冷蔵庫で冷やしておく[a]。

・粉糖はふるってダマをなくしておく[b]。

・アパレイユ(アパレイユとは、数種類の材料が混ざった流動体の生地のこと)のクリームチーズは作業の前に室温に戻してやわらかくしておく[c]。

・オーブンを140℃に予熱しておく(工程18でスイッチを入れるとベスト)。

a

b

c

step 1　タルト生地をつくる

1
フードプロセッサーにAを入れてよく混ぜる。

2
1によく冷やしたBを入れ、フードプロセッサーでバターが細かくなって全体がパラパラになるまで混ぜる。混ぜすぎに注意。

3
2に卵黄を入れて全体が軽くまとまるまで混ぜる。この時点で生地に多少ムラがあってもOK。

4
まな板に3を取り出して手でひとまとめになるようにこねる。

5
ラップに包んでめん棒でのばし、冷蔵庫で最低30分寝かせる。

6
型に無塩バターをぬっておく。

7
まな板に5を取り出し、打ち粉をしながらめん棒で厚さ約5mmになるようにのす。

8
直径18cmの型で抜き、型と丸い生地をオーブンシートを敷いた天板に移動させる。

9

残った生地を集め、打ち粉をしながらひとまとめにする。

10

めん棒で厚さ約5mmの長方形になるようにのしていく。生地がやわらかくなった場合は、冷蔵庫で一度冷やす。

11

型の側面のサイズに合わせて生地をカットする。

12

底生地の生地が重なる接地面にハケで牛乳をぬる。

13

11でカットした生地を**12**の側面に貼り、生地を指で軽く押さえてしっかりと接着させる。

14

上にはみ出た生地は、包丁でカットする。型にはめた生地はアパレイユをつくっている間冷凍庫で固めておく。はみ出た生地はクッキーとして焼いてもおいしい。

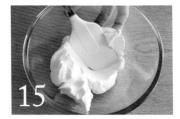

15

室温に戻したクリームチーズをボウルに入れ、ゴムベラでほぐす。

16

15にグラニュー糖を入れてゴムベラでよく混ぜる。

17

バニラビーンズはさやに包丁で切り込みを入れ、しごきながらタネを取り出す。**16**にタネを入れ、よく混ぜる。さやは他のお菓子で使えるので取っておくと便利。

18

17に無糖ヨーグルトを入れてよく混ぜる。ここでオーブンを140℃に予熱する。

19

別のボウルにCを入れ、なるべく
泡立てないようにしながら、ホイ
ッパーでよくすり混ぜる。

22

14に**21**のアパレイユを入れる。

25

手で触れるくらいまで冷めたら型
を外す。温かいままだとくずれて
しまう危険があるので、必ず室温
くらいまで冷めてから外すこと。

20

18に**19**をこしながら入れる。

23

140℃に予熱したオーブンで約40
分焼き、その後向きを反転させて
約30分焼く。

26

ラップを表面にくっつかないよう
にかけ、冷蔵庫で一晩しっかりと
冷やして完成。

21

なるべく泡立てないようにしなが
ら、ムラのないようによくすり混
ぜる。

24

焼き上がったら冷ます。

Misérable

ダックワーズ生地を使って

ミゼラブル

ミゼラブルはフランス語で「貧しい、惨めな」という意味があります。
牛乳が高価だった時代、水を使ってアングレーズをつくったことから
その名がついたといわれています。バタークリームがくどくなりすぎず、
軽くて上品な味わいに仕上がるので、お気に入りのレシピです。

所要時間
2時間45分 ＋一晩固める

材料《16cm×16cmの型1台分》
◆ダックワーズ生地
A ｜ アーモンドプードル ••• 145g
　｜ 粉糖 ••• 90g
　｜ 薄力粉 ••• 25g
　卵白 ••• 180g
　グラニュー糖 ••• 60g
◆バニラバタークリーム
B ｜ グラニュー糖 ••• 70g
　｜ 水 ••• 50g
　｜ バニラビーンズ ••• ½本
　｜ （さやのみでもOK）
　卵黄 ••• 2個
　無塩バター ••• 170g

粉糖 ••• 適量
ココア ••• お好みで

準備

• バタークリームはバターのおいしさが決め手になるので、エシレバターなどコクのあるバターを使うのがおすすめ[a]。
• 卵白は冷蔵庫でよく冷やしておく。
• バタークリームをつくる前に、バターは薄く切り、室温に戻しておく[b]。
• 生地を流し込むためにオーブンシートを折って型をつくっておく（図形参照）。生地の焼き上がりの大きさが18cm×34cmになるように、折り山の高さ2cmでガイドラインを描き、紙を折り込みながら型をつくる[c]。
• オーブンを190℃に予熱しておく（工程1でスイッチを入れるとベスト）。

図形　　　　　山折り
18cm
34cm
2cm

step 1 ダックワーズ生地をつくる

1 ダックワーズ（P.56）の工程20〜24まで行う。分量は違うが、手順は同じ。ここでオーブンを190℃に予熱する。

2 1を天板にのせたオーブンシートの型に流し入れ、カードなどで平らにのしていく。

3 190℃に予熱したオーブンで12〜13分焼く。

4 焼き上がったら冷ましておく。

step 2 アングレーズソースをつくる

5 Bを鍋に入れて中火にかける。バニラビーンズはさやのみでもOK。タネがある場合は包丁でしごき出す。グラニュー糖が完全にとけるまでは時々混ぜ、沸騰直前まで沸かす。

6 ボウルに卵黄を入れて混ぜる。

7 6に沸いた5を5回に分けて入れ、その都度よく混ぜる。

少しずつ入れるのがコツ

1回目はごく少量だけ入れてよく混ぜ、その後だんだんと入れる量を増やしながら混ぜます。熱いシロップを入れると固まりやすいので注意。よく混ぜながら入れるのがポイント。

8

7をこしながら鍋に戻す。

12

冬場などは湯煎すると早くクリーム状になりやすい。ただし、湯につけすぎるとバターがとけてしまうので注意。様子を見ながら少しずつ湯煎する。

15

4の生地を16cm×16cmにカットし、これを2枚用意する。

9

8をよく混ぜ、温度計で測りながら弱火にかけ、温度を82〜84℃まで上げていく。

13

10が約23℃まで冷めたら、ハンドミキサーで混ぜながら12に加えていく。

> **必要に応じて湯煎を**
> この混ぜる作業中も、お湯を用意しておき、容器の底をつけながら混ぜてもOK。ただし、バターがとけないように注意しましょう。

16

型にケーキフィルムをセットする。型の長さに合わせて折り目をつけておくと入れやすい。

10

9を器に移し、冷ましておく。

17

15の生地を1枚底に敷く。

step3 **バニラバター クリームをつくる**

11

室温に戻しておいた無塩バターを、ハンドミキサーで白っぽくクリーム状になるまでよく混ぜる。

14

ダマのないなめらかなクリーム状になったらバニラバタークリームが完成。

18

14のバタークリームを生地の上にのせ、パレットナイフなどで平らにのしていく。

19 18の上にもう一枚の生地をのせる。

23 22の上に粉糖をまんべんなくふりかける。

27 完成。

20 手で平らになるように軽く押す。

24 一度パレットナイフなどで上から押さえる。

21 ラップをかぶせ、冷蔵庫で一晩しっかりと固める。

25 さらにもう一度粉糖をまんべんなくふりかける。

22 型から外し、ケーキフィルムを取る。四隅が気になる場合は包丁でカットしてもよい。

26 お好みでココアをふるってデコレーションをする。

Canelé pound cake style

パウンドケーキ型でつくる

カヌレ風

むずかしいとされがちなカヌレですが、
じつは、少ない材料と手順で手軽につくることができます。
本場では銅製のカヌレの型が使われますが、
かなり高価な代物なので、今回はパウンドケーキの型でトライ。
ラム酒とバニラの香りがおいしいレシピです。

所要時間
2時間5分 + 一晩休ませる

材料《19cm×9cmのパウンドケーキ型1本分
直径5.5cm高さ5cmのカヌレ型2個分》

A 牛乳 ••• 375g
　グラニュー糖 ••• 80g
　無塩バター ••• 35g
　バニラビーンズ ••• ⅓本
卵黄 ••• 3個
グラニュー糖 ••• 80g
薄力粉 ••• 90g
ラム酒 ••• 15g
無塩バター(型にぬる用) ••• 適量

1
鍋にAを入れて中火にかける。バターがとけてふつふつとするまで温める(約75℃)。バニラビーンズはタネを取り出し、さやも一緒に入れる。

⌄

2
ボウルに卵黄とグラニュー糖を入れ、よく混ぜる。

⌄

3
2に1をホイッパーでよく混ぜながら半分だけ入れる。

⌄

4
3に薄力粉をふるいにかけながら入れ、ホイッパーで粉ダマができないようによく混ぜる。グルテンが出ないよう混ぜすぎに注意。

⌄

5
4に1の残り半分を入れ、よく混ぜる。

⌄

6
5を網でこして粉ダマをなくす。

⌄

7
6にラップを密着させ、粗熱が取れたら冷蔵庫で一晩休ませる。バニラのさやも一緒に入れて休ませると香りがしっかりつく。

⌄

8
オーブンを180℃に予熱する。一晩休ませた7を室温に戻してから軽く混ぜ、粉ダマがないかチェック。バニラのさやを取り出す。もしダマがあったら再びこす。

⌄

9
8にラム酒を入れて混ぜる。

⌄

10
無塩バターをぬった型の7分目まで室温に戻した9を入れ、まずは約30分、その後向きを反転させて40～50分焼く。焼き上がり、粗熱が取れたら型から取り外し、冷ます。

⌄

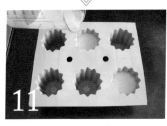

11
残った生地はカヌレ型で焼いてもOK。約70gずつ生地を入れ、180℃に予熱したオーブンで約30分焼き、その後向きを反転させてもう約30分焼く。

⌄

Gâteau Basque

ガレットブルトンヌの生地を使って

ガトーバスク

フランス・バスク地方の伝統菓子のガトーバスクは、
ガレットブルトンヌ (P.26) の生地を使ってつくります。
少しふっくらした生地を厚めに敷き、
カスタードクリームを入れて焼き上げます。
お好みでオレンジやレモンの皮を生地に練り込んでも
爽やかな味わいになっておすすめです。

所要時間
3時間50分 + 3時間休ませる / 10分乾かす

材料《直径15cm × 高さ5cmの ホールケーキ型1台分》

◆ガレット生地

A｜中力粉 ••• 160g×2
｜粉糖 ••• 50g×2
｜アーモンドプードル ••• 40g×2
｜ベーキングパウダー ••• 3g×2

B｜無塩バター ••• 70g×2
｜有塩バター ••• 60g×2

卵黄 ••• 2個×2

打ち粉（強力粉）••• 適量
牛乳（接着用）••• 適量

◆カスタードクリーム

C｜牛乳 ••• 180g
｜生クリーム（35%）••• 45g
｜グラニュー糖 ••• 25g
｜バニラビーンズ ••• ½本

D｜グラニュー糖 ••• 20g
｜卵黄 ••• 3個

E｜コーンスターチ ••• 15g
｜薄力粉 ••• 6g

◆艶出し卵液

F｜卵黄 ••• 1個
｜牛乳 ••• 20g

準備

・粉糖はふるってダマをなくしておく[a]。
・バターはサイコロ状にカットして冷蔵庫で冷やしておく[b]。
・型の側面のサイズに合わせてオーブンシートをカットしておく[c]。
・オーブンを160℃に予熱しておく（工程26でスイッチを入れるとベスト）。

a

b

c

step 1 **ガレット生地をつくる**

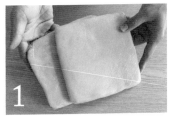

1 ガレットブルトンヌ（P.26）の工程5まで作業する（分量が多いので2回に分けてつくる）。厚さ1.5cmにする。

step 2 **カスタードクリームをつくる**

2 鍋にCを入れて弱火にかける。バニラビーンズはタネを取り出し、タネとさや両方とも鍋に入れる。時々混ぜながら沸騰直前まで温める。

3 Dをボウルに入れ、ホイッパーで白っぽくなるまでよく混ぜる。

4 3にEをふるいにかけながら入れ、よく混ぜる。

5 4に2をよく混ぜながら少しずつ注ぎ入れる。

6 5を網でこしながら鍋に戻し、中火にかける。

7 6をホイッパーで混ぜる。とろみがつき蒸気が鍋底から上がってきたら火から下ろす。とろみがついたら一気に固まってくるのでホイッパーで混ぜ続ける。

8 平たい器に移してラップを密着させ、冷ましておく。

9

まな板に打ち粉をしながら**1**の生地をめん棒でのばす。厚さ約1.5cmになるように平らにのす。

13

直径15cmの型をオーブンシートの上に置き、カットしておいた側面用のオーブンシートをセットする。**12**の生地を底に入れる。

17

底生地の生地が重なる接地面にハケで牛乳をぬる。

10

直径15cmのセルクルで生地を抜く。

14

10と**12**で残った生地を集める。

18

16でカットした側面の生地を型に入れ、指で軽く生地を押して接着させる。

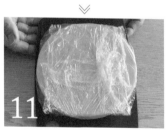

11

10をラップに包んで冷蔵庫に入れておく。

15

打ち粉をしながらめん棒で厚さ約1.5cmの長方形にのす。

19

逆側も同様に行う。

12

工程**9・10**をくり返し、底生地用にもう1枚直径15cmのセルクルで生地を抜く。

16

型の側面用に高さ2cmにカットする。

20

8の粗熱が取れ、室温くらいまで温度が下がったら、絞り袋に入れてぐるぐると**19**の中に絞っていく。

24

艶出し卵液をつくる。Fをボウルに入れ、よく混ぜる。

28

160℃に予熱したオーブンで約40分焼き、その後向きを反転させて約10分焼く。

21

型の底を軽くたたき、ゴムベラでクリームを平たくのし、クリームの隙間を埋める。

25

23に**24**をハケでぬり、冷蔵庫に5分ほど入れて表面を乾燥させる。

29

焼き上がり、粗熱が取れたら型から外して完成。

22

牛乳をガレット生地の接着面にぬる。

26

25にもう一度艶出し卵液をぬり、さらに冷蔵庫に5分ほど入れて表面を乾燥させる。ここでオーブンを160℃に予熱する。

30

16で残った生地は包丁でカットしたり、手で丸めたりする。

23

11を上にのせ、生地を軽く押しながら接着する。

27

26にフォークで模様を描く。

31

ガレットブルトンヌと同じ手順で焼く（基本は150℃に予熱したオーブンで約40分。大きさによって様子を見て調整）と、小さなクッキーとして楽しめる。

no.20

Melo cake

型抜きクッキーを使って

メローケーキ

日本ではほとんど知られていないメローケーキ。
ふわふわのマシュマロをチョコレートで覆ったこのお菓子、
ベルギー人なら、嫌いな人はいないくらい
大人気のお菓子です。マシュマロのやわらかさと、
クッキーとのバランスにこだわった自信作です。

所要時間
4時間40分 ＋ 30分寝かせる
1日冷やす

材料《直径5cm約15個分》
[3種共通（型抜きクッキー）]

A｜ 中力粉 ••• 190g
　｜ 粉糖 ••• 70g
B｜ 無塩バター ••• 60g
　｜ 有塩バター ••• 60g
卵黄 ••• 1個
打ち粉（強力粉）••• 適量

[バニラ味（15個分）]
カカオバター ••• 10〜15g ⓐ
スウィートチョコレート
　（クッキーのコーティング用）••• 200g
X｜ 冷水 ••• 17.5g
　｜ 粉ゼラチン ••• 3.5g
Y｜ グラニュー糖 ••• 140g
　｜ 水 ••• 50g
　｜ 水飴 ••• 15g
　｜ バニラビーンズ（タネのみ）••• ¼本
Z｜ 卵白 ••• 80g
　｜ レモン汁 ••• 3.5g
スウィートチョコレート
　（仕上げのコーティング用）••• 400g
カカオバター ••• 20〜30g ⓑ

[パッション味（15個分）]
カカオバター ••• 10〜15g ⓐ
ホワイトチョコレート
　（クッキーのコーティング用）••• 200g
X｜ 冷水 ••• 17.5g
　｜ 粉ゼラチン ••• 3.5g
Y｜ パッションピューレ ••• 100g
　｜ グラニュー糖 ••• 90g
　｜ 水飴 ••• 15g
Z｜ 卵白 ••• 80g
　｜ レモン汁 ••• 1g
カカオバター ••• 20〜30g ⓑ
ホワイトチョコレート
　（仕上げのコーティング用）••• 400g
ドライフルーツ
　（パパイヤやマンゴーなど）••• 適量

[フランボワーズ味（15個分）]
カカオバター ••• 10〜15g ⓐ
ルビーチョコレート
　（クッキーのコーティング用）••• 200g
X｜ 冷水 ••• 17.5g
　｜ 粉ゼラチン ••• 3.5g
Y｜ フランボワーズピューレ ••• 100g
　｜ グラニュー糖 ••• 90g
　｜ 水飴 ••• 15g
Z｜ 卵白 ••• 80g
　｜ レモン汁 ••• 2g
カカオバター ••• 20〜30g ⓑ
ルビーチョコレート
　（仕上げのコーティング用）••• 400g
フリーズドライフルーツ
　（フランボワーズやいちごなど）••• 適量

準備

• 3種類15個ずつ（計45個）つくる場合は、型抜きクッキー（P.12）の工程7までを2回分用意する必要がある[a]。

• メローケーキは、マシュマロをつくるタイミングが重要。道具の配置や材料の計量などの準備、作業のシミュレーションをしておくと◎。

• step1〜4はバニラ味のつくり方をベースにしている。パッション味とフランボワーズ味のつくり方は、基本的にはバニラと同じ。フランボワーズ味とパッション味の場合、step3で水の代わりにピューレを使い、調温する温度が異なる。

• テンパリングをする際は、道具を温かいオーブンの中に入れ、扉を少し開けておく。こうすると、チョコレートがすぐに固まらずに効率がよい（step1でクッキーを焼いた後のオーブンに入れておけばよい）[b]。

• オーブンを140℃に予熱しておく（工程2でスイッチを入れるとベスト）。

a

b

step1 クッキーを焼く

1
型抜きクッキー（P.12）の工程7まで進める。3種類15個ずつ（計45個）つくる場合、工程6までが2回分必要。

⌄

2
ここでオーブンを140℃に予熱する。厚さ約5mmになるようにのばしたら、直径5cmの型で15枚抜く。

⌄

3
2で余った切れ端の生地もひとまとめにする。余った生地は型抜きクッキーとしても楽しめる。

生地がゆるくなったら
生地がやわらかく、成形しにくい場合は、ラップに包んで冷蔵庫で休ませてください。

⌄

天板にベーキングマットを敷き、
生地を並べていく。

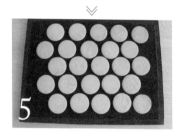

140℃に予熱したオーブンで約30
分焼く（焼きムラが出ないように、約20
分経ったところで天板の向きを反転さ
せ、そのまま残り約10分焼く）。焼き上
がったら冷ましておく。

step2 チョコレートでクッキーをコーティングする

カカオバター**ⓐ**を鍋に入れ、火に
かけてとかす。放置して34～35
℃に調温したら、テンパリングし
たクッキーのコーティング用のチ
ョコレートに入れ、よく混ぜる（テン
パリングの方法はP.103を参照）。

カカオバターの量は調整する

チョコレートの流動性を見て、チョコ
レートが重たかったら、カカオバター
の量を増やすなど調整してくださ
い。また、テンパリングの際に混ぜす
ぎると重たいチョコレートになって
しまうので注意。テンパリング後の
チョコレートは30℃前後に保温され
たオーブンの中に入れておくとよい。

5を**6**でコーティングしていく。
OPフィルムを敷いたまな板の上
に並べて、涼しい場所でチョコレ
ートを固める。

OPフィルムがない場合はラップや
オーブンシートでも代用できるが、
破れやすいので注意。1種類につ
き15個を目安にコーティングする。

step3 マシュマロをつくる

Xをよくかき混ぜて、冷蔵庫でふ
やかしておく。

鍋にYを入れて弱火にかけ、ゆっ
くり混ぜる。鍋のまわりにグラニ
ュー糖がつくと焦げやすいので注
意。なじんだらあまり触らない。

バニラビーンズについて（バニラ味）

バニラビーンズは包丁でさやに切り
込みを入れてタネをしごきながら取
り出します。

10のグラニュー糖がとけ、ふつふ
つと泡が出てきたら、徐々に温度
を110℃まで上げていく。

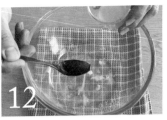

12 **11**の作業と並行して（温度が上がっていくのを待つ間に）ボウルにZを入れる。

16 ハンドミキサーをまわし続け、温度を人肌（約35〜37℃）まで落とす。

20 パッション味の場合、工程**10**で水の代わりにピューレを使う（各Yに含まれる）。また、工程**11**で温度は108℃まで上げていく。ピューレは水よりも焦げやすいので注意する。

13 **11**が100℃を超えたらハンドミキサーで**12**を泡立て始める。片手で温度を測り、反対の手でハンドミキサーをするか、誰かと一緒に行う。

17 **9**を500Wの電子レンジで約10秒温めてとかす（ラップはしない）。これを**16**に加えてハンドミキサーで泡立てる。

21 フランボワーズ味の場合も、工程**10**で水の代わりにピューレを使う（各Yに含まれる）。また、工程**11**で温度は108℃まで上げていく。ピューレは焦げやすいので注意。

14 写真のように白くふわっと泡立ったところで、鍋の温度が110℃に上がるまで待機させる。

18 涼しい場所（クーラーの利いた涼しい部屋など）で、**17**が約20℃になるまでハンドミキサーで泡立てる。

15 鍋の温度が110℃になったら、**14**をハンドミキサーで再びまわしながら鍋から少しずつ注ぎ、泡立てていく。きめ細かくふわっとツノの立つメレンゲになっていく。

19 20℃まで温度が落ちると、ゼラチンの力でメレンゲがしまってくる。

22

19のメレンゲを絞り袋に入れる。**8**のチョコレートでコーティングしたクッキーをOPフィルムごとまな板の上に出す。

23

22の上に**19**のメレンゲを絞っていく。

24

23を冷蔵庫に入れて1日冷やす。メレンゲが固まりマシュマロになる。

25

24を網の上に並べる。このとき、まな板の上のOPフィルムはそのままにしておく。また、網の下にもOPフィルムを敷いておくと後片付けが楽。

26

冷蔵庫から出した直後のマシュマロは湿気ている場合があるので、室温の涼しいところ(冬場なら風通しのよいところ、夏場ならクーラーが当たるところなど)に30分ほど置いておく。

27

テンパリングした仕上げのコーティング用のチョコレートに鍋でとかしたカカオバター❺(34〜35℃に調温する)を入れて混ぜ、**26**の全体にかけてコーティングする。

カカオバターの量は調整する

チョコレートの流動性を見て、チョコレートが重たかったら、カカオバターの量を増やすなど調整してください。また、テンパリングの際に混ぜすぎると重たいチョコレートになってしまうので注意。

28

27をOPフィルムが敷かれたまな板の上に並べ、涼しいところでチョコレートを固めて完成。

29

パッション味も同じように仕上げ、ドライフルーツをトッピングし、固めて完成。

30

フランボワーズ味も同じように仕上げ、最後にフリーズドライのいちごやフランボワーズをトッピングし、固めて完成。

31

コーティングの際に余ってしまったチョコレートは、OPフィルムで挟んで薄くのし、板チョコ状にして固めておくとよい(手で折ったり刻んだりしやすくて便利)。

32

コーティングの際に網の下に落ちたチョコレートは、そのまま固めてタブレットにしても◎。ドライフルーツやローストしたナッツ類(分量外)などを散らしてもおいしい。

Tips

お菓子を楽しむヒント

電子レンジでできるテンパリング

テンパリングの方法をマスターしておくと、ご自宅でもおいしいチョコレートをつくることができます。
ここでは、電子レンジを使って行うテンパリングを紹介します。

1　耐熱ボウルにチョコレート（今回は300gのチョコレートを使用）を入れる。板状のチョコレートを使う場合は、包丁でなるべく細かく刻む。

3　500Wで約30秒ずつ温めるのをくり返す。毎回ボウルをゆするようにしてチョコレートの位置を動かしていく。

6　中心の温度が35℃超、まわりの温度が30℃前後になったら、この状態で約5分放置して余熱でとかしていく。

8　余熱で全体をとかして、もう一度温度を測る。34℃以下であることを確認できれば、テンパリング成功！

2　電子レンジの中心に耐熱ボウルを置き、ラップをかけずに500Wで約30秒ずつ温めて少しずつとかしていく。

今回は300gのチョコレートを使用していますが、もっと量が少ないときは10〜15秒ずつこまめに様子を見ましょう。

4　1〜2回目ではあまり変化はないが、3〜4回目あたりで少しずつチョコレートがとけ出し、タブレット同士がくっついてくる。

5　5〜6回目あたりで中心のチョコレートがとけ始める。ここで温度を測る。

7　約5分放置後、ゴムベラで全体をゆっくり大きく混ぜていく。

がちゃがちゃと混ぜるのはNG。結晶過多になり、重たく扱いにくいチョコレートになってしまいます。流動性を保つため、ゆっくりとやさしく混ぜましょう。

ここでとけ切らなかったら、約10秒ずつ様子を見ながらレンジにかけます。このとき34℃を超えないように注意。34℃以上になるとテンパリング失敗です。

9　包丁などにチョコレートを薄く垂らし、成功していれば、白くならず、5分ほどですぐ固まってくる。室温（20℃前後）でチェックすると正確。

ベルギー人と仕事

　ベルギー人と日本人の仕事に対する姿勢は、まったく違います。日本人は、「仕事のために仕事をする」などとよく表現されますが、ベルギーでは「人生のために」仕事をします。

　僕がベルギーへ行くことが決まったとき、フランスで生活していた従兄に相談にのってもらいました。ガチガチに身構え、緊張していた僕に従兄は「そんなに緊張せず、リラックスしていけば大丈夫」とアドバイスしてくれました。「今まで日本で、ものすごい過酷な労働をしてきたんだからベルギーへは"どうやって楽しんで仕事をするか学びに行く"という感覚で行ったほうがいいよ」とも言われました。そして、実際にベルギーへ来てみて、従兄の言葉

の意味がよくわかりました。

　ベルギー人は、きっちりと法律で決められた時間しか働きません。日本だと、特に職人の世界では「修業の一環で残業することがすばらしい！」のような不文律があると思います。実際、パティシエは技術を身につけなければならないので、ある程度の自主練は必須です。しかし、ベルギー人は、それは非効率的だと捉えます。実際に働いてみると、仕事時間内の彼らの動きは非常に合理的かつ効率的。どうしたら就労時間内に仕事を収めるかに命をかけています（笑）。日本人が非効率的だと言われるのも否定できないな、と感じました。

　例えば、洗い物が残っていたら、日本人の感

休憩時間になると、スーツ姿で公園に寝っ転がってリラックスする人も。忙しいときはサンドイッチなどで簡単に昼食を済ませる人もいますが、レストランなどに入って外食するのが一般的。日本でいうファミリーレストランのような店は、あまりありません。

覚的には自分がやらなくては、と思ってしまいますが、労働時間が明確に定められているベルギーでは、多くのパティスリーで洗い物専門のバイトを雇っています。パティシエは、残った洗い物などはやらずに、自分のことだけ終わらせてさっさと帰ってしまいます。

　ベルギー人は時間を無駄にすることを好まず、各人の目的がはっきりしています。例えば「洗い物は自分の仕事じゃないからやらない。でも洗い物をすることでお金を稼ぎたい人もいる。だったらその人がやればいい」…というように、各人の利害が嚙み合い、効率的にまわっているのです。

　また、ベルギー人にとって、休憩時間はオフ

という認識。そのため、昼の休憩中からビールを飲む人も多いです。日本のビジネスパーソンのように「仕事終わりのこの1杯のために生きている！」という感覚ではなく、昼でも夜でも仕事時間外では、ビールを飲みます。彼らにとっては、水を飲む感覚のようです。値段もビールのほうが水よりも安いなんてこともあります。

　オンとオフの差がはっきりしていて効率的なヨーロッパの働き方。僕は、いまだに慣れないこともあるのですが…。日本人が見習うべきところも、多くあると感じます。でも長く日本で仕事をしてきている人ほどやっぱり無理かな(笑)。

「ベルギー人はビールを水のように飲む」とよくいわれますが、もしかしたら日本のビールに比べて、ベルギーのビールのほうがアルコール度数が低いからかも。日本よりも1〜1.5％ほど低いアルコール度数のビールが多く、比較的飲みやすい印象です。ベルギーのビールは銘柄がたくさんありすぎて、なかなか覚えられません…。

Chapter 4

こだわりの
焼き菓子

ここからは、僕のこだわりがつまったとっておきの焼き菓子を
ていねいに解説していきます。
特別な日につくったり、
大切な人へのプレゼントにしたりするのはもちろん、
何気ない日につくれば、
その日はすばらしい1日になるはずです。

Salted caramel ganache sandwich cookies

塩キャラメルの
ガナッシュサンドクッキー

卵を使わないほろほろなココアのクッキー生地に、
とろっと濃厚な塩キャラメルガナッシュをサンドした自信作。
つくりたては、クッキーがサクサクでガナッシュがトロッとやわらかく、
一晩冷蔵庫で寝かせると、クッキーのサクサク感は残りつつ
ガナッシュとなじんでこれまたおいしいのです。

所要時間
3時間10分 ＋一晩と30分寝かせる

材料《直径4cm約30個分》

◆塩キャラメルガナッシュ

グラニュー糖 ・・・ 40g

A｜生クリーム（40%）・・・ 80g
｜水飴 ・・・ 30g
｜塩 ・・・ 1g

無塩バター ・・・ 30g **ⓐ**

ミルクチョコレート（40%）・・・ 85g

◆ココアクッキー

B｜薄力粉 ・・・ 170g
｜粉糖 ・・・ 50g
｜ココアパウダー ・・・ 12g

無塩バター ・・・ 135g **ⓑ**

打ち粉（強力粉）・・・ 適量

⌇ 準備

・一気に焼けない場合は、2回に分けて焼いてもOK。その場合、生地は冷蔵庫に入れておく。2段オーブンで焼く場合は、焼きムラを防ぐため途中で上下を交換するとよい。

・粉糖はふるってダマをなくしておく［a］。

・ココアクッキーで使う無塩バターはサイコロ状にカットして冷蔵庫で冷やしておく［b］。

・チョコレートは細かく刻んでおく。

・オーブンを140℃に予熱しておく（工程**18**でスイッチを入れるとベスト）。

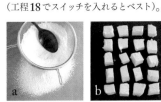
a   b

step 1 塩キャラメルガナッシュをつくる

1

鍋を弱めの中火にかけてグラニュー糖を約5回に分けて入れていく。まずは1回目をほんの少し投入。

> **一気入れ厳禁、少しずつとかす**
>
> グラニュー糖は、最初はほんの少し、その後だんだんと量を増やして入れていきます。一気に入れるとダマになり、とけにくくなってしまう原因に。また、一気入れは火にかける時間も長くなり、焦げてしまう最悪の結果にもつながるため、"焦らず少しずつとかす"ことが成功への近道です。

2

1のグラニュー糖が透明にとけてきたら2回目を入れる。

> **透明なままでOK！じっと耐える**
>
> 1回目のグラニュー糖はまだ透明な状態でOK。これからだんだんと色がついていきます。この時点ではグラニュー糖には触れずにとけるのをじっと待つようにしてください。

3

2のグラニュー糖がとけたら、3回目のグラニュー糖を入れる。ここからグラニュー糖がなじむように木べらでやさしく混ぜる。

> **徐々にキャラメル色に**
>
> 3回目以降、だんだんと入れるグラニュー糖の量を増やしていきます。色も徐々にキャラメル色に。

4

木べらについたキャラメルは少し時間をおくと固まってくるため、やや固まってきたらその都度包丁の背で取る（後片付けが楽になる）。

5

3回目のグラニュー糖がとけたら4回目のグラニュー糖を入れる。時々木べらでやさしく混ぜながらとかしていく。

6

5のグラニュー糖を入れるのと同じタイミングで別の鍋にAを入れて弱火にかけ、やさしく混ぜながら沸騰直前まで温める。

温めるタイミング

キャラメルができるのと同時に沸騰直前までAが温まるのがベストですが、先に沸いてきたら火を止めて待機させておきましょう。

9

沸騰直前まで温めた6を3回に分けて8に注ぎ、よく混ぜる。

飛び散り注意！

このとき、8のキャラメルと6の生クリームに温度差があると飛び散る危険が。できるだけキャラメルができるのと同時に生クリームが沸くというイメージで作業してください。

11

10が約60℃まで冷めたら、ミルクチョコレートを入れた耐熱の器にこしながら注ぐ。

12

ブレンダーでなめらかになるまでよく混ぜる。

7

5に最後のグラニュー糖を入れて時々木べらでやさしく混ぜながらとかす。自分好みの濃さにキャラメルを煮詰めていく。

10

耐熱の器に移して室温で粗熱を取る。耐熱の器に移す前、キャラメルがとけ切っていなかったら、もう一度火にかけ、完全にとかす。

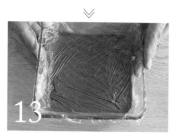

13

器に移し、ラップを密着させて冷蔵庫で一晩寝かせる。

8

7の火を止めて無塩バター（a）を入れてよく混ぜる。

バターを入れると…

バターを入れると、キャラメルの焦げが止まります。入れる前にキャラメルの色を見て、薄かったらもう少し煮詰め、お好みの色に調整してください。

step 2 ココアクッキーの
生地をつくる

step 3 仕上げる

14

Bをフードプロセッサーに入れて
よく混ぜる。

18

まな板に打ち粉をして**17**を取り
出し、めん棒で厚さ約4mmになる
ようにのす。直径4cmの型で抜い
ていく。ここでオーブンを140℃に
予熱する。

22

21のクッキーが冷めたらまな板に
並べ、一晩寝かせた**13**のガナッシ
ュを絞り袋に入れる。

15

14に無塩バター❺を入れてバタ
ーが細かくなって全体がパラパラ
になるまで混ぜる。混ぜすぎに注
意。

19

切れ端も手でひとまとめにし、再び
打ち粉をしながらめん棒で厚さを
整え、型で抜く作業をくり返す。
生地がやわらかい場合は、ラップ
に包んで冷蔵庫で少し休ませる。

23

半量のクッキーの上にガナッシュ
を絞る。

16

15をまな板に取り出して手でひ
とまとめになるようにこねる。最
初はパラパラとしてまとまりにく
いが、だんだんまとまっていく。

20

ベーキングマットを敷いた天板の
上にクッキーを並べ、140℃に予熱
したオーブンで約20分焼く。約12
分経ったら天板の向きを反転させ
て約8分焼く。

24

23の上にクッキーをのせて完成。

17

16をラップで包み、めん棒で平た
くのす。冷蔵庫で約30分寝かせる。

21

焼き上がったら冷ましておく。

25

出来立てはサクサクとろとろ。一
晩冷蔵庫で冷やすとサクサク感は
残りつつガナッシュは固まるので、
持ち運びやラッピングがしやす
い。保存する場合は冷蔵庫で。

Strawberry tart

ガレットブルトンヌを土台に使った

いちごのタルト

ガレットブルトンヌ (P.26)を土台に、
いちごのカスタードクリームと生クリームをたっぷりと。
ベルギーでは、ガレットをタルトに見立てたケーキを
よく見かけます。アレンジで、旬のフルーツを
飾っても楽しいです。

所要時間
4時間 + 3時間休ませる

材料《直径15cmの型1台分、
直径8cmの型3個分》

◆いちごのカスタードクリーム
いちごピューレ ••• 110g
卵黄 ••• 2個
グラニュー糖 ••• 30g
薄力粉 ••• 12g

◆ガレットブルトンヌ
A┃中力粉 ••• 160g
┃粉糖 ••• 80g
┃アーモンドプードル ••• 15g
┃ベーキングパウダー ••• 1.5g

B┃無塩バター ••• 70g
┃有塩バター ••• 60g
卵黄 ••• 1個
打ち粉(強力粉) ••• 適量

◆艶出し卵液
C┃卵黄 ••• 1個
┃生クリーム ••• 2g
(牛乳1gでも代用可能ですが、
生クリームのほうがきれいな焼き色がつく)
サラダ油 ••• 適量

◆仕上げ
生クリーム(35%) ••• 150g
グラニュー糖 ••• 15g
いちご ••• 適量
ハーブ ••• お好みで

準備

・粉糖はふるってダマをなくしておく[a]。
・バターはサイコロ状にカットして冷蔵庫で冷やしておく[b]。
・オーブンを150℃に予熱しておく(工程14でスイッチを入れるとベスト)。

a ／ b

step1 **いちごのカスタードクリームを作る**

1 鍋にいちごピューレを入れて弱火でふつふつとするくらいまで温める。

⌄⌄

2 ボウルに卵黄とグラニュー糖を入れ、卵がほんのり白っぽくなるまでホイッパーで泡立てる。

⌄⌄

3 ホイッパーでよく混ぜながら1を2に少しずつ注ぐ。

⌄⌄

4 薄力粉をふるいにかけながら3に入れ、ダマが残らないようによく混ぜる。

⌄⌄

5 4を網でこしながら鍋に戻す。

⌄⌄

6 5を弱火から中火にかけ、ホイッパーでかき混ぜ続ける。鍋底が焦げつかないようにクリームにコシが出るまで手を休めずにかき混ぜるのがポイント。

⌄⌄

7 鍋底から蒸気が上がってきてクリームにしっかりとコシが出たら火から下ろす。

⌄⌄

8 なるべく平たい器に入れ、ラップを密着させてクリームを薄くならし、早めに温度を下げる。粗熱が取れたらしっかり芯まで冷えるまで冷蔵庫で冷やす。

9

ガレットブルトンヌ (P.26) の工程 5 までと同じ要領で生地をつくる。

12

直径15cmの型で生地をくりぬきベーキングマットを敷いた天板にのせる。

14

艶出し卵液をつくる。Cをよく混ぜる。ここでオーブンを150℃に予熱する。

10

生地をまな板に出し、打ち粉をふるう。

13

残った生地はもう一度まとめ、打ち粉をしながら厚さ約8mmになるようにめん棒でのばし、直径8cmの型で抜き天板にのせる。

15

12と13の生地に14の卵液をぬる。

11

生地の厚さが約8mmになるように均一にめん棒でのす。

生地が余ったら…

型で抜けないくらい小さい生地は、手で小さく丸めると一口おやつになります。このときに生地がやわらかくなってきてしまったら焦らずラップに包んで一度冷蔵庫で生地を休ませると扱いやすいです。

16

直径15cmと8cmの型に薄くサラダ油をぬり、12と13の生地にはめる。アルミホイルでも代用可能。

17

150℃に予熱したオーブンで約45分焼き、焼き上がったら冷ましておく（約30分焼き、その後向きを反転させて約15分焼く）。

18

生クリームにグラニュー糖を入れてホイッパーで8割立て（跡が残るが、ツノが立たないくらい）にする。

22

17の上に21を絞り、デコレーションする。

25

小さなタルトも同様に盛りつける。いちごの向きをランダムにするとこなれ感が出る。

19

8のクリームをボウルに移し、ゴムベラでダマがなくなるようにしっかりとほぐす。

23

いちごをカットして盛りつける。

20

18から50gを19に加えてムラがなくなるまでよく混ぜる。

24

お好みでハーブなどを飾って完成。

21

18の残りと20をそれぞれ口金をセットした絞り袋に入れる（今回は丸い口金を使用）。

> **絞り袋に入れる前に…**
> 生クリームは、8割立てだとゆるすぎて絞りにくいので、ホイッパーでしっかりとツノが立つまで泡立ててから絞り袋に入れましょう。

115

no.23

Cookie cream puffs

ブリュッセルブレストの生地を応用して

クッキーシュークリーム

中が空洞になりやすいように、今回は豆乳を使った
オリジナルのレシピをご紹介。ブリュッセルブレスト（P.80）の
サクサクのシュー生地に、クリームがずっしり詰まった
理想のシュークリームをお楽しみください。

116

◐ 所要時間
3時間30分 ＋ 2時間冷やす

材料《直径約4cm10個分》

◆シューサブレ

A ┃ グラニュー糖 ••• 35g
┃ 薄力粉 ••• 35g
無塩バター ••• 35g

◆ディプロマートクリーム
[カスタードクリーム]

B ┃ 牛乳 ••• 200g
┃ バニラビーンズ ••• ¼本

C ┃ グラニュー糖 ••• 40g
┃ 卵 ••• 1個
┃ 卵黄 ••• 1個
薄力粉 ••• 15g
無塩バター ••• 15g
[生クリーム]
生クリーム（40％）••• 250g
グラニュー糖 ••• 20g

◆シュー生地
卵 ••• 2個

X ┃ 豆乳 ••• 100g
┃ （牛乳を使う場合は牛乳50g＋水50g）
┃ 無塩バター ••• 42g
┃ 塩 ••• ひとつまみ

Y ┃ 薄力粉 ••• 45g
┃ 強力粉 ••• 8g
粉糖 ••• お好みで

♪ 準備

• シューサブレで使う無塩バター
は、サイコロ状にカットして冷蔵庫
で冷やしておく。

• シュー生地で使う卵は室温に戻し
ておく。

• シュー生地で豆乳を使う理由は、
牛乳よりも水分量が多く、熱を加
えたときに膨張しやすくなるから。
中に空洞ができやすく、薄皮で中
にたくさんディプロマートクリーム
（カスタードクリームと生クリームを合わ
せたクリームのこと）が入るシュー生
地ができる。

• オーブンを180℃に予熱しておく
（工程**13**でスイッチを入れるとベスト）。

step 1 シューサブレを
つくる

ブリュッセルブレスト（P.80）の工程
4まで同じ手順で進め、シューサ
ブレをつくる。厚みは約3mmにな
るようにのしていく。

⋙

直径6cmの抜き型で約10個抜き、
まな板に並べてラップをし、焼く
直前まで冷凍庫で冷やしておく。

step 2 カスタードクリーム
をつくる

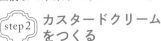

バニラビーンズはさやに切れ目を
入れてタネを取り出し、タネもさ
やも使う。

⋙

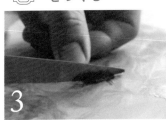

鍋にBを入れて弱火にかけ、沸騰
直前まで火にかける。このときC
の分量内のグラニュー糖をひとつ
まみ鍋に入れておくと、牛乳に膜
が張りづらい。

⋙

ボウルにCを入れてホイッパーで
白っぽくなるまでよく混ぜる。

⋙

薄力粉をふるいにかけながら**5**に
入れて混ぜる。

⋙

6によく混ぜながら少しずつ**4**を
注ぐ。

⋙

7を網でこしながら再び鍋に戻す。

⋙

9

8を弱火から中火にかけてホイッパーでよく混ぜ続ける。

13

ブリュッセルブレスト (P.80) の工程13〜19まで同じ手順で進め、シュー生地をつくる。オーブンを180℃に予熱する。

16

180℃に予熱したオーブンで約40分焼き、その後150℃に温度を落として10〜15分焼く（色づきが気になったら天板の向きを反転させる）。

10

9を混ぜ続け、蒸気が鍋底から上がり、しっかりとコシが出てきたら火から下ろす。火から下ろした後、もう一度よく混ぜると、コシが切れてとろっとなめらかなクリームになる。

14

13のシュー生地を絞り袋に入れ、オーブンシートを敷いた天板の上に約20gずつ絞っていく。大きさをそろえるため、はかりで重さを確認しながら絞る。

17

焼き上がったら冷ましておく。

11

10に無塩バターを入れてよく混ぜる。

15

14の上に2のシューサブレ生地をのせていく。

12

平たい器に移してラップを密着させ粗熱を取る。冷蔵庫で約2時間冷やす。これでカスタードクリームの完成。この後、step4でディプロマートクリームにしていく。

手早く冷やして！
カスタードクリームは傷みやすいのでなるべく早く冷やしましょう。中までしっかり冷やすことが大切です。平たい器にできるだけ薄くクリームをのすと早く粗熱を取ることができます。保冷剤や氷を器に当てるのも有効です。

step 4 ディプロマート クリームをつくる

step 5 仕上げる

18
生クリームにグラニュー糖を入れて7割立てに泡立てる。

21
絞り袋に**20**を入れる。

19
12をボウルに入れ、ゴムベラでほぐす。**18**を2回に分けて入れて混ぜていく。1回目はしっかりと混ぜる。

20
2回目はさっくりと混ぜる。ディプロマートクリームの完成。

22
17の底からクリームを入れる(目安は1個につき約50g)。

クリームを入れるポイント
スプーンの持ち手の先端や口金の先などでシュー生地の底を刺し、穴を開けておくと、クリームを入れやすくなります。

23
粉糖をふって完成。

Mini Column
ベルギーのお茶の時間

砂糖入りの緑茶
テ・ヴェール

「緑茶に砂糖を入れて飲む」というヨーロッパの習慣は、ベルギーに来た当時のカルチャーショックのひとつでした。日本のような濃い緑茶ではなく、桃などのフレーバーが入っている「フレーバーティー」のようなものをイメージしてください。カフェに行くと、緑茶ティーバッグの入ったマグに砂糖が添えられて出てきます。最初はびっくりしましたが、飲んでいるうちにこれはこれでおいしい、と思うようになりました。また、63ページで紹介した自家製アイスティー(テ・グラセ・メゾン)として緑茶を出しているお店も多く、これもまたさっぱりとしていておいしいですよ。

Hojicha latte mousse cake

マドレーヌの生地を使って

ほうじ茶ラテムースケーキ

初心者の方にはちょっとむずかしいかもしれませんが、
ほうじ茶マドレーヌ（P.48）を応用するだけで、
プロ顔負けのレシピに変身させることができます。
香り高いほうじ茶ラテのムースに、グラサージュで艶やかにコーティング。
「マドレーヌにはもう飽きた！」という方、ぜひチャレンジを！

所要時間
4時間5分 +
3時間寝かせる
一晩冷やし固める
一晩休ませる

材料
《直径7.5㎝のシリコンドーナツ型6個分》

◆ほうじ茶マドレーヌ

無塩バター ••• 86g

卵 ••• 2個

A｜グラニュー糖 ••• 86g
　｜薄力粉 ••• 40g
　｜アーモンドプードル ••• 38g
　｜強力粉 ••• 10g
　｜ベーキングパウダー ••• 1.5g
　｜ほうじ茶の茶葉 ••• 8g

◆ほうじ茶ラテのムース

B｜冷水 ••• 10g
　｜粉ゼラチン ••• 2g
　｜牛乳 ••• 80g
　｜ほうじ茶の茶葉 ••• 6g
　｜卵黄 ••• 2個
　｜グラニュー糖 ••• 12g
　｜ホワイトチョコレート ••• 80g
　｜生クリーム(35%) ••• 180g

◆ミルクチョコレートのグラサージュ

C｜冷水 ••• 22.5g
　｜粉ゼラチン ••• 4.5g

D｜グラニュー糖 ••• 63g
　｜水飴 ••• 60g
　｜水 ••• 42g
　牛乳 ••• 25g
　生クリーム(35%) ••• 10g
　ミルクチョコレート ••• 35g
　ホワイトチョコレート ••• 35g

◆コーティングチョコレート

ミルクチョコレート ••• 150g

ココナッツオイル ••• 50g

フルーツ&ナッツバー ••• 40g

チョコ飾り ••• お好みで

準備

・マドレーヌを焼くときはシリコン型に薄くサラダ油(分量外)をぬっておく。

・ミルクチョコレート、ホワイトチョコレートは細かく刻んでおく。

・オーブンを150℃に予熱しておく(工程1でスイッチを入れるとベスト)。

---

step 1　ほうじ茶マドレーヌをつくる

1

オーブンを150℃に予熱する。48ページのマドレーヌ(ほうじ茶)の工程7まで進め、シリコンドーナツ型の約半分まで生地を流し込む。

2

150℃に予熱したオーブンで18〜20分焼く。

3

焼き上がったら冷ましておく。仕上げを次の日にする場合は、冷めたら乾燥しないようにラップをして冷蔵庫に入れておく。

step 2　ほうじ茶のラテムースをつくる

4

Bをよく混ぜて冷蔵庫に入れてふやかしておく。

5

鍋に牛乳を入れて弱火にかけ、沸騰直前まで温める。

6

5をほうじ茶の茶葉を入れた耐熱の器に注ぎ、ラップをして約5分蒸らす。

7

6を網でこしながら鍋に戻し、茶葉を取り除く。ここで、鍋の重さを事前に測っておくと、次の工程の作業がスムーズ。

8

7が80gになるように牛乳（分量外）を足し、もう一度弱火にかける。

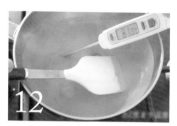

12

11をゴムベラでよく混ぜながら、82℃まで温度を上げ、その後火から下ろす。

16

口金をセットした絞り袋に15を入れ、シリコンドーナツ型に8分目まで流し入れる。冷凍庫で一晩冷やし固める。

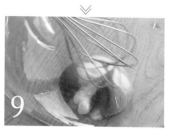

9

ボウルに卵黄とグラニュー糖を入れ、ホイッパーで混ぜる。

13

12に4を入れてムラのないようによく混ぜる。

> **しっかりと固める**
>
> つるんとした表面にするためにしっかりと固める必要があります。固める時間が足りないと、型からきれいに外れずにボソボソした表面になってしまいます。冷やす時間はしっかりと確保してください。

10

8が沸騰直前まで沸いたら、9に混ぜながら注ぎ、よく混ぜる。

14

ホワイトチョコレートに13を注ぎ、ブレンダーでなめらかになるまでよく混ぜ、ボウルに移して冷ましておく。急いでいる場合、ボウルの底に水をつけ、ゴムベラで混ぜるとすぐ冷める。

11

10をこしながら鍋に戻し、弱火にかける。

15

生クリームを7割立てにする。14が約25℃まで冷めたら生クリームを加えてよく混ぜる。最初はホイッパーで全体を混ぜ、次にゴムベラに持ち替えて底から大きく混ぜる。

step 3 ミルクチョコレートのグラサージュをつくる

17

Cをよく混ぜて冷蔵庫でふやかしておく。

18

鍋にDを入れて弱火にかける。ゴムベラで軽くグラニュー糖をなじませ、後はなるべく触らない。

19

温度計で測りながら115℃まで温度を上げ、火から下ろす。大きな泡からだんだんと小さく細かい泡になっていく。

20

19に17を加えてよく混ぜる。

21

20に牛乳と生クリームを入れてよく混ぜる。

22

ミルクチョコレートとホワイトチョコレートを入れた器に21を注ぎ、ブレンダーでなめらかになるまでよく混ぜる。

23

22をこしながら耐熱の器に移す。

24

23にラップを密着させ、冷蔵庫で一晩休ませる。

step 4 仕上げる

25

3の表面を包丁で平たくなるようにカットし、コーティングする直前まで冷蔵庫で冷やしておく。そうするとコーティングチョコレートが表面に留まりやすくなる。

26

コーティングチョコレートをつくる。刻んだミルクチョコレートとココナッツオイルを耐熱ボウルに入れる。

27

26を500Wの電子レンジで20〜30秒加熱する。これを数回くり返し、とかしたらよく混ぜる。

28

フルーツ＆ナッツバーを細かく刻み、27に加えてよく混ぜる。

29

25の上部のカット面以外に28の
コーティングチョコレートをつけ、
OPシートを敷いたまな板の上に
並べる。カット面に爪楊枝を突き
刺して作業するとよい。

33

16のほうじ茶ラテのムースを型か
ら外し、網の上に並べる。網の下
には受け皿を敷いておく。

37

パレットナイフなどを使い、30の
上に、36のグラサージュをかけた
ほうじ茶ラテのムースをのせる。

30

OPシートがなければラップでも代
用できるが、破れやすいので注意。

34

32のグラサージュの半量を33のう
ち3個にまんべんなくかける。この
1回目で3個、35からの2回目で残
りの3個にかけるイメージで行う。

38

パレットナイフを網とムースの間
に入れ、網の上に円を描くように
すりつけると、下に垂れた余計な
グラサージュが取れ、美しい仕上
がりになる。

31

24を500Wの電子レンジで30秒
ほど入れて半分とかし、注ぎやす
い器に移す。

35

網の下に落ちたグラサージュは、
カードなどを使いかき集め、もう
一度注ぎやすい耐熱の器に入れ
る。さらにもう一度電子レンジに
かけて30℃に調温する。

39

お好みでチョコ飾りなどをのせ、
完成。

32

31のグラサージュをブレンダーで
なめらかになるように混ぜ、30℃
程度に調温する。

36

残り3個のムースにグラサージュ
をかける。

40

残ったグラサージュは保存容器に
入れ、ラップを密着させ、冷凍庫で
約2ヶ月保存可能。ムースをつく
った際に解凍して、上の手順でグ
ラサージュとして使える。

no.25

Super rich crumble blueberry cheesecake

超濃厚クランブル
ブルーベリーチーズケーキ

ほぼクリームチーズの超濃厚チーズケーキに
サクサクのクランブルを合わせ、さらに相性抜群のブルーベリーを
主役に据えました。とてもシンプルな工程ですが、プロもびっくりな
おいしいチーズケーキが手軽にご家庭でも楽しめます。
チーズ好きの方におすすめのレシピです。

材料《直径15cmの型1台分》
無塩バター(型にぬる用) ・・・ 適量
◆クランブル
A ┃ 薄力粉 ・・・ 75g
　┃ グラニュー糖 ・・・ 60g
　┃ アーモンドプードル ・・・ 15g
無塩バター 60g
◆ブルーベリーチーズケーキ
クリームチーズ ・・・ 400g
グラニュー糖 ・・・ 100g
卵黄 ・・・ 2個
生クリーム(35%) ・・・ 120g
薄力粉 ・・・ 20g
レモン汁 ・・・ 20g
ブルーベリー ・・・ 適量

準備

・クランブル用の無塩バターはサイコロ状にカットして冷蔵庫で冷やしておく。
・クリームチーズは室温に戻してやわらかくしておく。
・型のサイズよりも高めにオーブンシートをカットしておく。
・オーブンを160℃に予熱しておく(クランブルを焼くため。工程1でスイッチを入れるとベスト)。
・オーブンを170℃に予熱しておく(仕上げのため。工程14でスイッチを入れるとベスト)。

step1 クランブル生地をつくる

1 型に無塩バターを薄くぬり、カットしたオーブンシートを密着させる。オーブンシートを敷いた天板の上にのせておく。ここでオーブンを160℃に予熱する。

2 フードプロセッサーにAを入れてよく混ぜる。

3 さらに無塩バターを入れてバターが細かくなり、全体がパラパラになるまで混ぜる。混ぜすぎるとべちゃっとしてしまうのでパラパラになったら止める。

4 3を1の型に入れて底に敷き詰めるように広げる。ぎゅうぎゅうに平らにしないほうがザクザク食感を楽しめる。

5 4で残ったクランブル生地は平たい器に移して冷凍庫に入れておく。特にラップはしなくてOK(パラパラとした状態のまま固めておく)。

6 160℃に予熱したオーブンで25～30分焼く。

7 焼き上がったら冷ましておく。

step2 ブルーベリーチーズケーキをつくる

8 ボウルにクリームチーズを入れてゴムベラでほぐす。

9 8にグラニュー糖を入れてよく混ぜる。

10

9に卵黄を入れてよく混ぜる。

14

13をこす。こうすると、なめらかな口当たりになる。ここでオーブンを170℃に予熱する。

18

17の上にブルーベリーと5のクランブルをまんべんなくふりかける。

11

生クリームを4〜5回に分けて10に加え、その都度よく混ぜる。

15

7の上に14をまずは半分入れる。

19

170℃に予熱したオーブンで40〜50分焼く（約30分焼き、その後向きをそっと反転させて10〜15分焼く）。焼き上がったら冷ましておく。

12

11に薄力粉をふるいにかけながら加え、ゴムベラでさっくりと混ぜる。

16

15にブルーベリーを敷き詰めるように入れる。

20

19が冷めたら型を外してラップに包み、冷蔵庫で一晩寝かせる。クランブルが型にくっつき、取りにくい場合は、包丁を側面に入れると取りやすい。

13

12にレモン汁を加えて混ぜる。

17

14の残りの半分を入れ、表面を平らにのす。

21

冷蔵庫に一晩寝かせたら、オーブンシートを剝がして完成。

レソンシエル

ベルギー在住のパティシエ、ショコラティエ。フレンチの料理人である父の影響でパティシエに。日本の複数の洋菓子店で修業したのち、チョコレートの本場ベルギーへ渡り、ショコラティエになる。2015年、ベルギーにて若手パティシエの登竜門として知られるコンクールで優勝。2019年、チョコレートの世界大会「ワールドチョコレートアワードファイナル」でシルバーを受賞。2018年、レシピや旅の動画をYouTubeに投稿開始。美しい動画や優雅なBGMに癒されるとフォロワーの評価が高い。初書籍『ベルギーパティシエがていねいに教える とっておきのごほうびスイーツ』も大好評発売中。

Twitter　@Lessensciel2
Instagram　@ lessensciel.recette

ベルギーパティシエがていねいに教える
定番だけど極上の焼き菓子

2021年11月17日　初版発行
2023年 2 月10日　4 版発行

著　者　　レソンシエル
発行者　　山下直久
発　行　　株式会社KADOKAWA
　　　　　〒102-8177 東京都千代田区富士見2-13-3
　　　　　TEL 0570・002・301 (ナビダイヤル)
印刷所　　大日本印刷株式会社